Job?
나는 3D 프린팅 전문가가 될 거야!

Job?

나는 3D 프린팅 전문가가 될거야!

정용석 글 | 허재호 그림

Special 03

국일아이

차례

등장인물

수민

뭐든지 물어보고 만져 보고 해 봐야 직성이 풀이는 초등학교 3학년 남자아이이다. 학교에서 3D 프린터 연구소로 견학을 간 날, 수민은 이곳저곳을 기웃거리다가 타임머신 연구실로 들어간다. 거기서 우연히 미래에서 온 슈타인을 만나게 되고 그와 함께 악당을 쫓는다.

아영

수민이 친구로 모든 것을 똑 부러지게 잘하는 똑순이다. 천방지축 사고뭉치 수민과 정반대의 성격이다. 3D 프린터 연구소 견학 중 대열을 이탈한 수민을 뒤쫓다가 미래에서 온 슈타인과 만나게 된다. 3D 프린터에 관해 배우기도 하지만 미래에 대한 비밀을 알고 큰 충격을 받는다.

슈타인

범죄자인 제이와 케이를 뒤쫓다가 우연치 않게 과거로 오게 된 미래의 경찰이다. 아이들을 좋아하고 친절한 성격 덕에 아이들과 잘 어울린다. 냉철한 판단력과 뛰어난 운동신경으로 사건을 조사하는 그가 과연 제이와 케이를 검거할 수 있을까?

다고처 박사

3D 프린터를 연구하고 개발하는 과학자이며 3D 프린터 연구소 소장이다. 미래에서 온 제이와 케이가 자신의 발명품을 가지고 도망가자 슈타인을 도와 사건을 해결하기 위해 고군분투한다.

제이와 케이

미래에서 최악의 범죄 듀오로 악명을 떨치는 범죄자다. 슈타인을 피해 도망치다 우연히 과거로 오게 된다. 과거로 온 제이와 케이는 다고처 박사의 발명품을 훔쳐 비싼 값에 팔려는 음모를 꾸미는데…. 과연 그들은 어떻게 될까?

추천사

꿈을 찾아가는 꿈나무를 위한 길잡이

허영만 화백이 그린 만화 《식객》이 한국 음식 문화의 품격과 철학의 깊이를 더한 '음식 문화서'라고 한다면, 《job?》 시리즈는 '바라고 꿈꾸는 것을 이루기 위해 줄기차게 노력하면 반드시 꿈은 이루어진다'는 교육 철학을 담은 직업 관련 학습 만화입니다. 어린이와 청소년들이 만화를 통해 각 분야의 직업을 이해하고, 스스로 장래 희망을 설정하는 데 도움을 주는 진로 교육서이기도 합니다.

꿈과 희망은 사람을 움직이는 가장 강력한 에너지입니다. 꿈과 희망이 있는 사람은 밝고 활기찹니다. 그리고 호기심과 열정이 가득해서 지루할 틈이 없이 부지런합니다. 특히 어린이와 청소년들에게 꿈과 희망은 삶을 긍정적으로 바라보게 하는 가장 강력한 버팀목 역할을 합니다.

어른이 되어 이루는 성공과 성취는 어린 시절부터 바랐던 꿈과 희망이 이뤄 낸 결과입니다. 링컨과 케네디, 빌 게이츠와 오바마, 이들은 어린 시절에 꾸었던 꿈과 희망을 실현하기 위해 노력한 사람들입니다. 삼성을 일류 기업으로 이끈 고(故) 이병철 회장이나 우리나라 경제 발전에 초석을 다진 현대그룹의 고(故) 정주영 회장도 어린 시절의 꿈을 실현한 대표적인 사람입니다. 꿈과 희망 안에는 미래를 변하게 하는 놀라운 능력이 숨어 있습니다. 꿈과 희망을 품고 노력하면 바라던 것이 이루어집니다.

어린이와 청소년들이 스스로 미래를 준비할 수 있도록 도움을 주고자 기획한 《job?》 시리즈는 우리 사회 각 분야의 직업을 다루고 있습니다. 어떤 분야의 직업을 갖고 사는 것이 좋으며 가치 있을지를 만화 형식을 빌려서 설명하여 이해뿐 아니라 재미까지 더하였습니다.
그동안 직업을 소개하는 책은 많았지만, 어린이 눈높이에 맞춘 직업 관련 안내서는 드물었습니다. 이 책의 차별성은 바로 여기에 있습니다. 단순히 각각의 직업이 무슨 일을 하는지를 소개하는 데 그치지 않고 사회적 측면에서 바라본 직업의 존재 이유와 작용 원리를 적절한 용어를 사용하여 어린 독자들의 이해를 돕습니다. 자칫 딱딱할 수 있는 직업 이야기를 맛깔스러운 대화와 재미있는 전개로 설명하여 효과적인 진로 안내서 역할도 합니다.
이 책이 어린이와 청소년들에게 세상의 여러 직업을 깊이 이해하고 자신의 미래를 여는 데 도움을 줄 것이라 기대합니다. 아울러 장차 세계를 이끌 주인공이 될 어린이와 청소년들이 직업과 관련해서 멋진 꿈과 희망을 얻길 바랍니다.

문용린(서울대학교 교육학과 명예교수)

작가의 말

3D 프린터로 미래를 꿈꿔 보세요!

우리 사회는 믿을 수 없을 정도로 빠르게 발전하고 있어요. 그 가운데 많은 사람이 연구하고 있는 것이 바로 3D 프린팅 기술이에요. 3D 프린터는 3차원의 도면 데이터를 바탕으로 입체적인 물건을 만들어 내는 기계예요. 상상해 보세요. 집 안에서 필요한 물건의 도면을 만들어서 프린트하는 모습을요. 아직 여러분에게는 먼 기술처럼 느껴지겠지만, 머지않아 이 기술은 일상생활에서 자연스럽게 쓰일 거예요.

현재 3D 프린팅 기술은 우주 산업, 건축, 의료, 패션, 음식과 같은 영역으로 넓혀 가고 있어요. 예를 들어 집에서 요리를 해 먹는 것이 아니라 먹고 싶은 음식이 있다면, 바로바로 프린트해서 먹을 수 있게 된다는 이야기지요.

과거에는 컴퓨터를 각 가정에서 개인적으로 사용한다는 것을 상상조차 하지 못했어요. 하지만 지금은 어떤가요? 오히려 집에 컴퓨터가 없으면 이상하게 느껴질 정도지요. 이처럼 3D 프린터 역시 대중화되도록 3D 프린팅 전문가들이 계속해서 연구하고 있답니다.

지금은 컴퓨터가 생활필수품으로 자리 잡은 것처럼 가까운 미래에 3D 프린터도 여러 기업, 공공 기관, 가정에서 없어서는 안 될 필수품이 될 거예요. 그러면 지금보다 더욱 편리하고 창의적인 생활을 할 수 있을 거예요. 물론 기술이 발전하면 좋은 점만 있는 것은 아니에요. 기술 발전에 따른 부작용과 위험도 항상 존재하지요. 하지만 많은 전문가가 부작용과 위험을 최소화하는 올바른 기술을 연구하고 있어요.

《job? 나는 3D 프린팅 전문가가 될 거야!》는 평면이 아니라 입체 물품을 만들어 내는 3D 프린팅 전문가를 재미있는 이야기 속에 흥미롭게 소개했어요. 꿈나무들이 3D 프린팅을 알아 가고 3D 프린팅 전문가의 꿈을 키우기를 바라는 마음으로 책을 만들었답니다.

여러분 모두 입고 싶은 옷, 필요한 물건, 먹고 싶은 요리를 프린트할 뿐만 아니라 환자에게 딱 맞는 인공장기, 무인비행기 등을 프린트하여 많은 사람에게 도움을 주는 3D 프린팅 전문가가 되기를 바랍니다.

글쓴이 **정용석**

3D 프린터 연구소로 견학 가다

웅성 웅성

어제 TV에서
…
맞어! 맞어!
그거 아하하하~

툭

응?

꾸욱
씨익

아하하하하!
맨날 당하냐?
너 거기
안 서!
수민이가 아영이
좋아하는 거 아냐?
글쎄~
다다 다다다

내일 두고 봐,
너!

메롱~
부들부들
으으…

저거 내일 가만 두지
않을 거야!
씩씩
아무렴~

근데 말이야~
수민이가 너 좋아하는 거
아냐?
맞아~
맞아~

에이~ 좋아하면
나한테 저러겠어?

아직 뭘 모르네~
킥킥킥

3D 프린터 연구소

여러분~ 연구소에서는 조용히 해야 합니다.
시끌 시끌

안녕하세요, 어린이 여러분~
웅성 웅성

이곳이 3D 프린터를 연구하고 개발하는 곳인 건 아시죠?
네~

3D 프린터라는 건 뭘까요?
3D 프린터

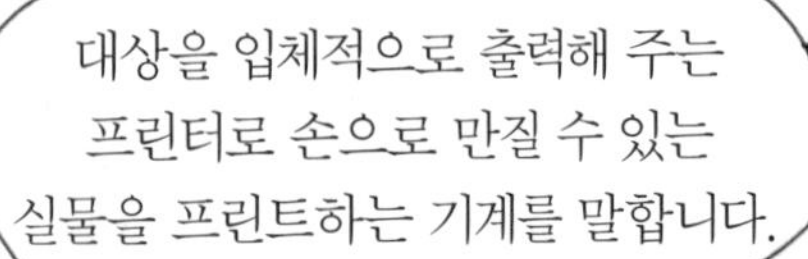
대상을 입체적으로 출력해 주는
프린터로 손으로 만질 수 있는
실물을 프린트하는 기계를 말합니다.

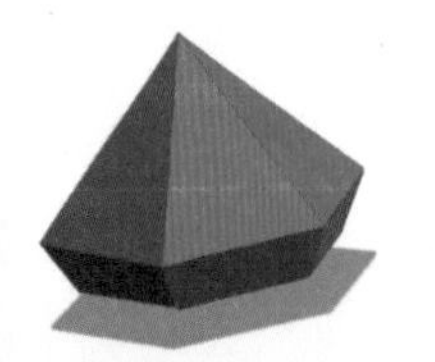

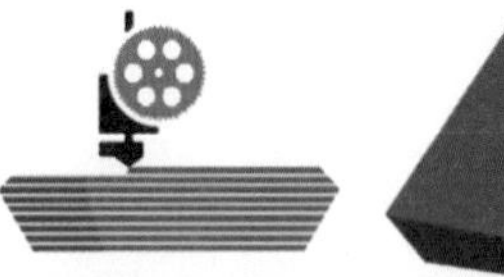

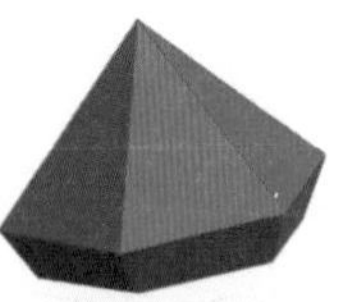

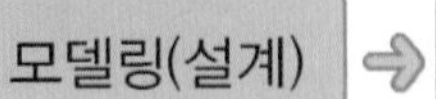
모델링(설계)

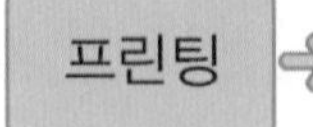
프린팅

후처리

3D 프린팅의 3단계는
모델링→프린팅→후처리
입니다.

우와~
모델링(설계)
프린팅
후처리
웅성
웅성

흐아아암~
재미없어~

시끌
시끌

여러분,
우리 연구소의
연구소장님을 소개
할게요!

3D 프린터 개발자이신
다고쳐 박사님이세요.
험험!
안녕하세요.
여러분~

여러분은 어떤 것이 궁금한가요?
제가 전부 알려 드릴 수 있답니다.

저요!
저 질문 있어요.
박사님!
번
쩍

허허. 그래요,
질문이 뭐죠?

아까 연구원 언니가
모델링이라고 했는데
뭔지 잘 모르겠어요.
자세히 알고 싶어요.

쟨 꼭 저렇게 튀고
싶어 한다니깐.

모델링이
궁금하군요. 좋아요,
쉽게 설명해 줄게요.

3D 프린팅에서
모델링이라는 것은 가장
첫 번째 단계를 말해요.

뭔가를 만들기 위해서는
설계도가 필요하겠죠?

그 설계도를 만드는
작업이랍니다.
Support Material Matl G-code Printer Ptr G-code

2D로 스케치한 것을
3D 컴퓨터 그래픽을 활용하여
캐릭터, 배경, 제품 등의
형상을 만들지요.

우리는 그 일을 하는 사람을
3D 모델러라고 불러요.

3D 모델러

3D 모델러는 3D 프린팅을 활용하는 산업의 필수 직업군이에요. 3D 모델러가 되려면 디자인 감각은 물론 디자인 프로그램 활용 능력, 관련 산업에 대한 전문 지식 등을 갖춰야 해요.

타임머신이라니!
뭔가 엄청난 게 있을 것 같아!
타임머신 연구실
빼꼼

두근
우와~!

여기서 뭐 하는 거야,
이 화상아!
화
들짝

그러고 보니
너 어제!

아… 아니 그게
아니라…

파
메롱이다~ 바보!
약
또!

우와아아아
너, 진짜
이리 안 와!
다다다다다다

샥
샥
샥
샥

잡았…
턱
어어~

우당탕탕

에구구…

벌떡
너 때문에
이게 뭐야!

뭐라고?
턱

꾸욱
삐빅

무슨 소리지?

우우웅
지잉
지잉

파앗
지이이이이잉

으아아!
뭐야?
저 사람들은
누구지?

응?
여긴 어디지?

뭐야? 여긴 어디야?
꼼짝 마! 너희들을
무기 밀수 혐의로 체포한다!
두리번
두리번

꼼짝 말란다고~
꼼짝 안 하는
사람이 어디 있나~?
파앗
징
지잉
파앗

저 녀석들이!
파
앙

응?
흠칫

아이들이잖아?
덜덜덜덜

아이들이 다칠 수도 있는데
어쩌지?
으득

이봐, 케이.
응?

저 녀석, 아이들 때문에
반격을 못하는 거 같은데?

그렇…
다면!
씨익-

촤라라랏

탁
탁
탁
탁

펑
퍼
펑
펑

위험해!
펑
펑

쉬이이이이이…

두리번
두리번

아이들이 다치지 않아서 다행이야.
녀석들, 반드시 잡아 주마!

3D 프린터의 탄생과 발전

3D 프린터는 언제부터 만들어졌을까요? 3D 프린터의 탄생과 발전에 관해 알아보아요.

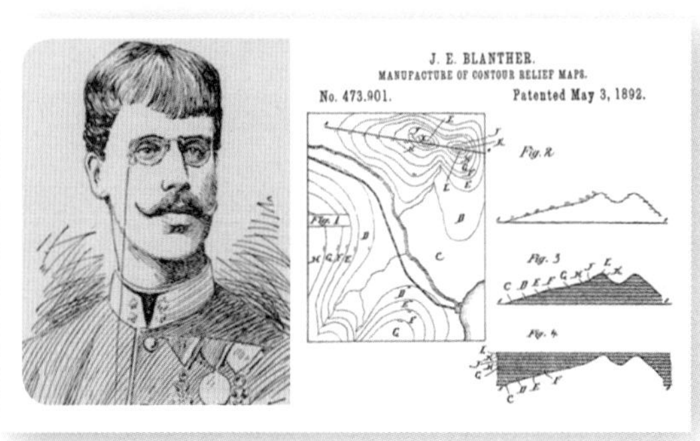

블랜더가 제안한 3D 지도 제작 방식

●1892년

블랜더(J. E. Blanther)가 제안한 입체 모형 지도(한 층씩 쌓아서 지도를 제작하는 방식)에서 최초로 고안되었어요.

●1972년

미스비시 자동차에서 근무하는 마츠바라(Matsubara)가 감광성 수지(액체 형태의 플라스틱)를 이용한 적층 방식을 제안했어요.

●1981년

나고야시 공업 연구소에서 근무하는 코다마 히데오(Kodama Hideo)는 처음으로 감광성 수지를 이용한 3D 프린터의 시제품을 출시하였어요.

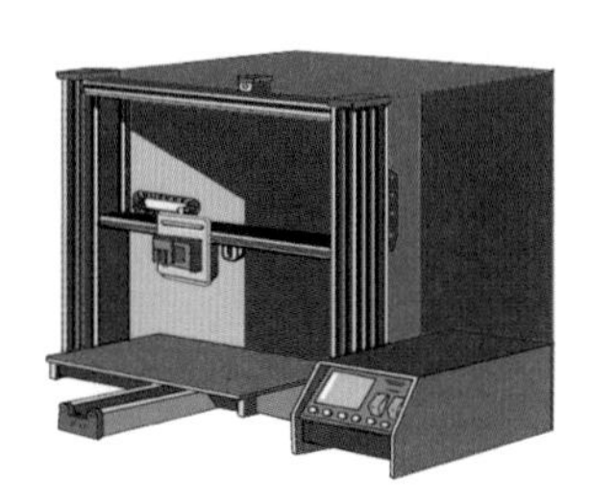

찰스 헐과 3D 프린터

●1984년

3D 시스템즈의 찰스 헐(Charles Hull)이 세계 최초로 3D 프린터를 만들었어요. 이 프린터는 감광성 수지에 레이저빔을 쏘아서 원하는 부분만 교체하는 방식을 사용해요.

●1991년

스트라타시스에서 세계 최초로 FDM(Fused Deposition Modeling) 방식의 프린터를 생산하기 시작했어요.

●1992년

3D 시스템즈에서 세계 최초로 SLA(Stereo Lithography Apparatus) 방식의 프린터를 생산하기 시작했어요. 액체 형태의 감광성 수지에 UV 레이저를 이용하여 한 겹 한 겹 적층하는 방식으로 제품을 생산하는 방법이에요.

●1999년

과학자들은 3D 프린터를 이용해 환자의 세포와 손상된 신체 기관을 복원하도록 많은 연구를 해 왔어요. 최초의 사례는 1999년 방광 확대술을 받는 젊은 환자에게 자신의 세포로 코팅된 3차원 합성 지지체를 사용한 거예요. 미국의 웨이크 포레스트 재생의학 연구소에서 개발된 이 기술은 추후 다른 분야의 기술에도 많은 영향을 끼쳤어요.

●2002년

과학자들은 동물의 소변을 희석하고 피를 걸러 낼 수 있는 작은 크기의 콩팥을 만들어 프린트했어요.

● 현재

- 영국의 사우스햄턴대학교의 연구진은 3D 프린터를 이용해 무인 비행기를 만들었어요. 5천 유로의 예산으로 7일 동안 제작했다고 해요. 날개의 공기 역학적 효율성을 개선하고 유도 저항을 최소화하였어요.

3D 프린터로 제작한 최초의 비행기

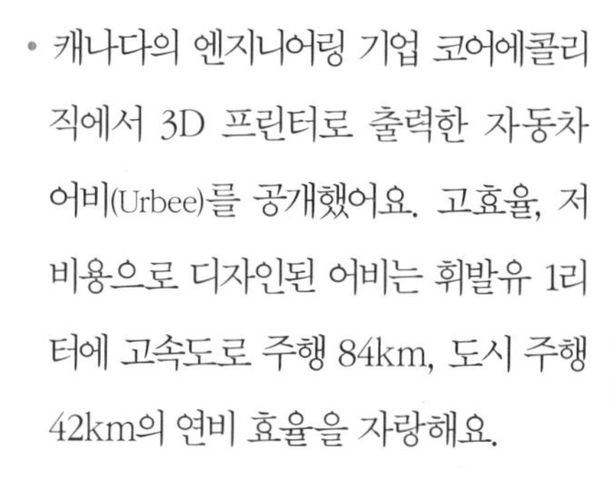

- 캐나다의 엔지니어링 기업 코어에콜리직에서 3D 프린터로 출력한 자동차 어비(Urbee)를 공개했어요. 고효율, 저비용으로 디자인된 어비는 휘발유 1리터에 고속도로 주행 84km, 도시 주행 42km의 연비 효율을 자랑해요.

3D 프린터로 제작한 자동차

- 최근 중국의 한 병원에서 복장뼈 없이 태어난 6살 아이에게 3D 프린팅 기술로 제작한 인공 뼈를 이식하는 수술을 성공적으로 마쳤어요.

3D 프린터로 제작한 인공 뼈

미래에서 온 경찰, 슈타인과의 만남

갑자기 아무 말도 없이
자리에서 이탈하면
안 돼요!
네

그나저나
그 사람 누굴까?
그러게.
궁금하긴 하네.
웅성
웅성

우리 다시
가 볼래?
그래도 될까?
시끌
시끌
시끌

저기 박사님도
계시네~
오오,
너희들 왔구나.

아저씨는
누구세요?
난 미래에서 온 경찰,
슈타인이라고 해.

네? 미래요?
어떻게 그럴 수가…

박사님과 대화를 나눴는데
지금이 2018년이라고 해서
나도 많이 당황했단다.

그럼 아까 그게
진짜 타임머신?

믿기 힘든 이야기지만
이렇게 당신을 보니
안 믿을 수가 없군요.
하하, 저도
사건을 쫓다 온 거라서
당황스럽네요.

아저씨, 아저씨!
몇 년도에서 온 거예요?

아… 아저씨?
나는 아저씨가 아니야.
오빠라고 불러 줄래?

그런데 과거로는
왜 왔어요?

그래요.
사건을 쫓다 온 거라고 했지만
어떤 사건인가요? 도울 수 있다면
제가 도와드릴게요.
감사합니다.

어디서부터 말씀을
드려야 할지…

미래는 눈부시게
발전하기도 했지만
범죄도 같이 증가
했습니다.

미래에서 유명한 무기 밀수
듀오인 제이와 케이를 쫓아
한 연구실로 가게 되었죠.
J

한참을 쫓다가
잡으려는 순간 타임머신이
작동했나 봐요.

타임머신이
작동했다니…
미래는
어떤 곳이에요?

박사님,
여기는 3D 프린터를
연구하는 곳이죠?

미래가 바뀔 수 있어
자세히 말씀드릴 수는 없지만,
미래에는 3D 프린터가
계속 발전해서 인류에
큰 도움이 됩니다.

오오,
과연 그렇군요!
허허..

미래에도
3D 프린터가 있어요?

그럼, 당연하지!

그런데요. 박사님!

연구소 벽이 파손됐어요.
우리가 잘못한 거죠?
하하하

걱정 말거라.
여기가 어딘지를 잊었니?
삑

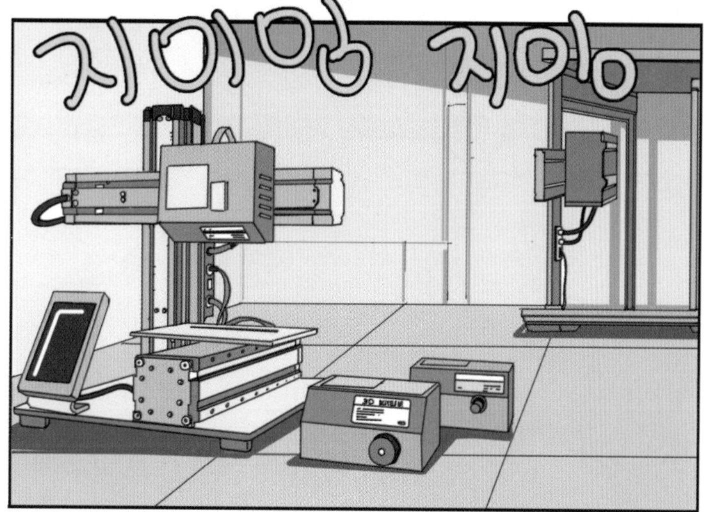
지이잉 지잉

두두두두
위잉
우와아아아

징이잉
우이잉
지잉

3D 프린터로 건물도 고칠 수 있나요?
물론이란다. 수리뿐만 아니라 건물을 지을 수도 있단다.

저것을 보렴.

3차원으로 인쇄된 재료를 이용해 파손된 부분을 수복하는 거란다.
우웅
3D 프린터로 건물을 고치다니!
대박!
지잉
지이잉

3D 프린터는
건축에 필수적으로
활용된단다.

와, 신기해요!

앞으로는
건축 관련 3D 프린터 기술자가
아주 각광 받는 직업이 될 거란다.

건축 관련
3D 프린터 기술자요?

그건 무슨 일을
하는 직업이에요?

내가
설명해 줄게.

건축 관련 3D 프린터 기술자

3D 프린터를 활용하면 전시, 영화 등에 사용되는 미니어처를 단시간에 제작하는 것은 물론 실제 거주할 수 있는 주택이나 빌딩도 지을 수 있어요. 3D 프린터로 건축하는 것이 일반화된다면 기존의 건축기능원(콘크리트공, 형틀목공 등)은 사라지고, 건축 분야 3D 모델러의 수요가 증가할 것으로 전문가들은 예상하고 있답니다.

그럼 건축 관련
직업은 다 사라지는
건가요?

여러 가지 직업이
하나가 된다고 생각하면
된단다.

그건 아니란다.
그럼요?

그리고 3D 관련
다른 직업들도 생겨나게
된단다.

다른
직업들이요?
그래.

건축 3D 프린터
관련 전문 직종
들이지.

3D 프린터 건축의 장점

건축물을 지을 때 3D 프린터를 사용하면 공사 시간과 비용을 절약할 수 있어요. 또한 자신이 원하는 개성 있는 디자인으로 설계할 수 있지요.

으… 고… 공부요?
하 하 하 하 하

아, 그러고 보니 수민아, 혹시 타임머신이 작동할 때 말이다.

어떤 특별한 뭔가가 있었니?

평소에는 작동도 안 하던 기계가 갑자기 작동을 했다니 좀 이상해서…

그냥 막 팍팍 거리다가…
네, 그러다가 슈타인 아저씨가 나왔어요.

슈타인 씨는
왜 그런지 알고 있나요?
녀석들이
기계를 작동시켜 과거로
도망치려고 했고

제가 그 녀석들을 잡는 순간
기계가 작동되어 같이 과거로
오게 된 것 같아요.

저로선 이해하기
힘든 상황이군요. 음…

김수민! 최아영!
헉!

너희들 또!
선생님이 이탈하지 말라고
그랬잖니!
긁적긁적

이런, 제가 아이들을
돌려보내지 않아 선생님이
걱정하셨군요. 죄송합니다.

아뇨, 박사님
괜찮습니다.

박사님,
저희 내일 또
와도 되나요?
허허허, 물론이지~

박사님,
저도 이곳에서 잠복근무를
해야 할 것 같습니다.
아무래도 놈들이 다시 나타날
것 같아요.

윙

위잉~

들었어, 케이?
들었지.
처음에는 정신이 없어서 몰랐는데
…

그래 저기,
3D 프린터 연구소…

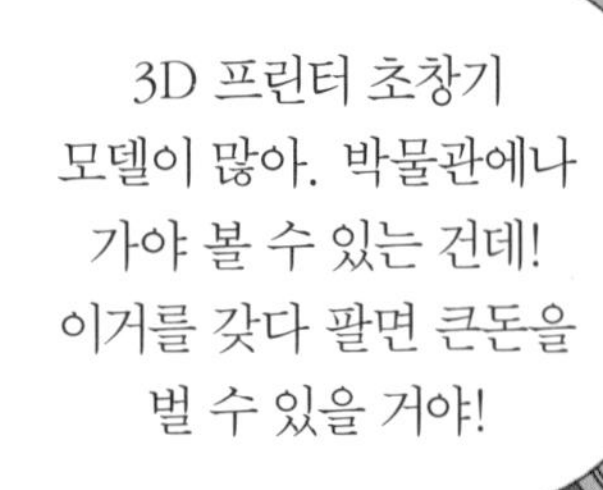
3D 프린터 초창기
모델이 많아. 박물관에나
가야 볼 수 있는 건데!
이거를 갖다 팔면 큰돈을
벌 수 있을 거야!
그래, 그거야!
킥킥킥.

하하하하하

정보 더하기

3D 프린터와 건축

이미 건축 분야는 3D 프린팅으로 격변하고 있어요. 머지않아 3D 프린팅으로 집을 짓는 것이 실용화될 거예요.

●3D 프린팅 운하 주택

네덜란드 암스테르담의 한 건축 기업은 3년 동안 설계 프로젝트를 추진해 '3D 프린팅 운하 주택'을 개발했어요. 이 운하 주택은 각 방을 먼저 출력한 후 서로 조립하여 집을 구성하는 작업 과정을 거쳐요. 이를 위해 6미터가 넘는 크기의 3D 프린터인 카머메이커(Kamermaker)를 개발했다고 해요.

3D 프린터로 만든 주택

●하루 만에 건물 10채를 뚝딱

한 중국 기업이 재활용 건축 자재와 3D 프린터를 이용해 눈 깜짝할 사이에 건물 몇 채를 짓는 데 성공했어요. 잉추앙 신소재 주식회사(Yingchuang New Materials Inc.)는 4대의 거대한 3D 프린터를 이용해 24시간 내에 10채의 집을 지었다고 해요. 한 채의 건물을 짓는 데 든 비용은 5,000달러(약 540만 원)라고 하네요.

3D 프린터로 만든 건물

윈선 데코레이션 디자인 엔지니어링 기업(WinSun Decoration Design Engineering Co.)에서 지원한 이 프린터의 크기는 높이 20피트(6.09미터), 가로 33피트(10.05미터), 세로 132피트(40.23미터) 가량이에요. 이 건축용 3D 프린터 역시 FDM(Fused Deposition Modeling) 기술을 사용해요. 즉 짤 주머니에서 반죽을 짜내듯 한 번에 한 층씩 쌓아 올리는 방식이지요. 컴퓨터가 출력 노즐을 조종해 콘크리트를 적층하는데, 이 콘크리트에는 특별 경화제가 추가돼 있어 각 층이 다음 층을 지지할 수 있을 만큼 단단해지게 되는 원리를 택했다고 해요.

●3D 프린터로 만든 최초의 다리

3D 프린터로 만든 다리

2016년 12월 스페인 수도 마드리드에 있는 한 공원에 3D 프린터로 만든 최초의 다리가 설치되었다고 해요. 길이는 12미터, 폭은 1.75미터지요. 미세하게 정제된 콘크리트로 출력했다고 해요.

설계를 이끈 팀 리더 아레티 마코폴루(Areti Markopoulou)는 인터뷰에서 "복잡한 몰드를 만드는 것이 어렵고 비용이 많이 들기 때문에 일반적으로 건축을 할 때 단순한 구조로 제한돼 있었는데, 이 다리는 복잡한 형태임에도 쉽게 만들 수 있었다. 3D 프린터 덕분에 기존 방법으로는 매우 어려웠던 디자인을 만들 수 있었다"고 전하였지요.

●건축 분야에 3D 프린팅을 활용하였을 때의 장점

최대의 장점은 공사 기간과 비용을 줄일 수 있다는 거예요. 3D 프린팅을 활용하면 일반적인 크기의 주택은 하루 만에 완공할 수 있지요. 또 건물을 해체할 때 버려진 재료를 녹여서 다른 건물을 지을 때 재활용할 수 있어 친환경적이지요. 자재 이동에 소요되는 물류 비용도 줄일 수 있고, 철저하게 사전 계획하여 주택을 더 효율적으로 지을 수 있게 되면서 산업 재해를 줄이는 효과도 있답니다.

●3D 프린팅 기술이 더 발전한다면?

3D 프린팅 기술이 더 발전하면 누구나 설계도를 다운로드하여 집을 지을 수 있는 1인 건축 시장이 창출될 거예요. 주택 업체는 온라인을 통해 디자인한 설계도를 다운로드 받은 후 축소형으로 프린팅하여 고객에게 보여 주면서 매매 계약을 할 수도 있지요. 언젠가는 재활용 소재를 이용해 초고층 건물까지도 3D 프린터로 출력하는 시대가 오겠죠?

3D 프린터로 만든 요리

딩동댕

여러분!
수업 시작 종 울렸어요.
어서 제자리에 앉아요!

거봐,
너 그럴 줄 알았어.
킥킥

흐아암~

슈타인 형은 뭘 하고
있으려나?

안녕하세요?
그래,
어서 오너라.

아저씨! 미래에서 온 거 확실하죠? 진짜죠?
또… 아저씨…

아 맞다!
형, 슈타인 형!
하하하

학교가 끝나자마자 이리로 온 거구나?

네!
학교에서도 내내 여기 생각만 했어요.
히히.

그러다
오늘 수업도 제대로
안 들어서 선생님한테
계속 지적당했어요!
그건~
시무룩

수민아,
학교에선 수업을
잘 들어야지~

네~
코코…

그나저나
슈타인 오빠.
왜 그러니?
아영아.

그 악당들은
어떻게 됐어요?
잡았나요?

아직 찾고 있는 중이란다.

녀석들이 더 큰일을
저지르기 전에 빨리
잡아야 할 텐데…
불끈

저희도 도울게요!
맞아요!

그나저나 너희들에게
물어보고 싶은 게 있단다.

네?

그날 상황을
좀 더 자세하게
설명해 줄 수 있겠니?

좀 더 자세히요?

흐음~

그러니까 그 연구실로
들어가서
타임머신 연구실

제가 수민이를
잡으려고 쫓아가다가
넘어졌고…

일어나려고
하다가 버튼을
눌렀는지 삑 소리가
났어요.

타이밍 좋게
버튼이 눌려 미래와 통하는
게이트가 열렸나 봅니다.

버튼을
눌렀구나…

슈타인 형!

무슨 일이니?
뭐 다른 게 생각났니?
아뇨, 아뇨
그게 아니라…

아마 미래에 대해서
더 궁금하다는 걸 거예요.
맞아!
그거야!

그렇게
미래가 궁금하니?

네!

호기심이
많을 나이지.
허허

음… 어떻게
설명을 할까?

아!
오오!

4D 프린터라고
들어 봤니?

4D 프린터요?
3D 프린터 말고요?

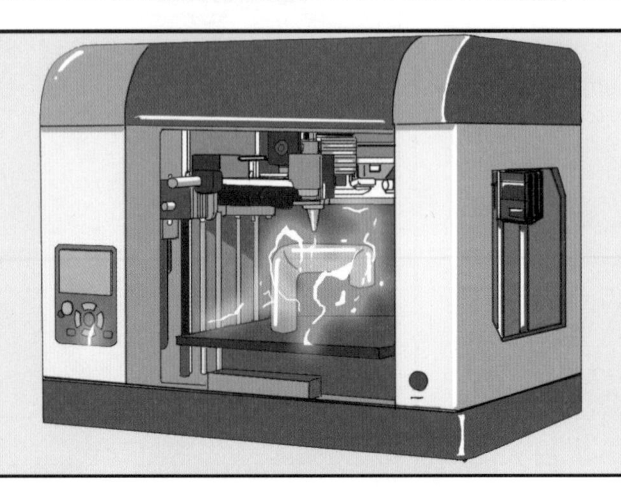

4D 프린팅

4D 프린팅은 온도, 수분, 바람 등에 따라 변형이 가능한 특수 소재를 사용하여 출력하는 것을 말해요. 지정된 조건에 따라 프린팅 결과물의 모양이나 특성이 변하게 되지요.
예를 들어 코끼리 모양의 설계도를 물을 만나면 팽창되는 나무 소재로 프린트하면 어떻게 될까요? 그 코끼리 출력물이 물에 닿으면 팽창하여 큰 코끼리 모양으로 바뀐답니다.

그 기술이 미래에는
실용화되다니, 놀랍군요!
끄덕

미래에도 4D 기술은
계속 발전합니다.

지금은 키네마틱스
드레스 정도만 만들 수
있답니다.
드레스요?

그래. 방금 말한
4D 프린팅 기술을
이용한 것이지.

4D 프린터의 특성인
형태 변형이 가능한 재료를
이용하여 직물 등을
뽑아낸다면…

우와~
그렇다면요?

4D 프린팅의 예

4D 프린팅 기술은 건설, 생산, 기반 시설 등에 유용하게 사용돼요. 특히 우주에 건설을 할 때, 부피를 줄인 후 자가 변형을 통해 원하는 형태로 복원하게 하지요. 또 물의 양과 속도에 따라 자유롭게 늘어나거나 수축하는 배수관을 만들 수도 있어요.

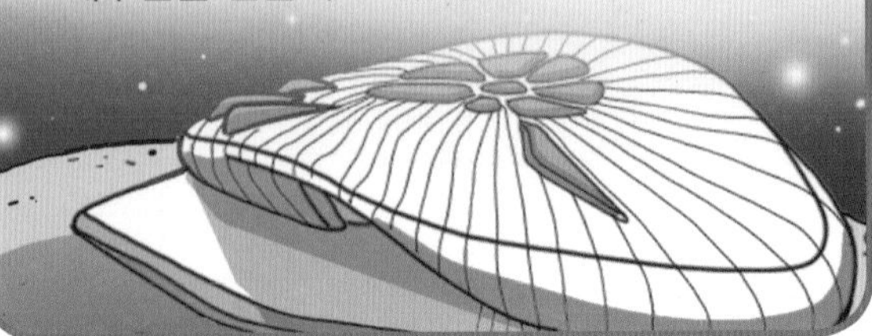

4D 프린터의
등장으로 새로운
직업도 생겼지.

새로운
직업이요?

그래. 4D 프린터
디자이너부터 4D 프린터 원료와
카트리지를 연구하는 재료전문가,
도면을 만드는 모델러 등이지.
4D 프린터 디자이너
4D 프린팅 재료전문가
4D 모델러

우와~

꼬르륵

픽!

하 하 하
헤헤.

우리가 시간 가는 줄도 모르고 너무 이야기만 했구나.

정말 배고프단 말이에요!
하긴 우리 학교에서 와서 아무것도 안 먹었네.

걱정하지 말거라. 하하하.

연구소에 식당이 있나요?
오오오!

아니, 그건 아니고…
하하

그럼 멋진 요리사가 있나요?
요리사?

바로 이것이지!
척

리모컨을 먹어요?
그건 아니지!

하하하. 이걸 먹는 것이 아니고 자, 보거라~
삐빅

우우웅
어어~?

지잉
지잉

짜잔

우와아아
어서들
먹자구나.

슈타인 씨도
식사하시죠.

우적
우적
쩝
쩝

훌륭하네요. 제가
음식을 만드는 3D 프린터에
관심이 많아서 그런지
더 맛있는 것 같습니다.
3D 프린터는
진짜 뭐든지
만드는구나~
냠냠…

하하, 그랬군요.
그럼 식사를
마친 후에 연구실로
한번 가 볼까요?

와, 맛있다!
우적
우적

3D 프린터로
음식까지 출력하다니!
쩝
쩝

의외라는
반응이구나~?

아무래도 프린터라고 하니
먹는 걸 빼고 생각했거든요.

그럼요~
냠냠..

3D 프린터로
음식까지 만들면
요리사들은 다
없어지겠네요?
우적
우적

하하하.
그건 아니란다.

네? 왜요?

3D 프린터로 음식을
만드는 사람이 요리사이기
때문이지.

3D 프린터로 출력된 여러 가지 식재료를
이용하여 요리사들은 자신의 창의력을
발휘하여 좀 더 새로운 요리를 만든단다.

3D 프린터를
이용해서 디저트를
만드는 유명한
셰프도 있단다.

미래에도 3D 프린터로
다양한 요리를
만들지.

어떤 원리예요?
재료를 프린터에 넣으면
그것이 혼합하고 모양을 내서
프린팅되는 것이지.

재료만 다를 뿐
원리는 같단다.

미래에는 우주비행사가
우주에서 3D 프린터로
음식을 출력해서 먹는단다.
우와~
우주에서도요?

3D 프린터와 요리사의 변화

3D 프린터 기술이 발전하면 향후에 3D 프린팅 식품개발자, 3D 프린팅 전문요리사가 등장할 거예요. 3D 프린팅 식품개발자는 3D 프린터에 미래의 영양 공급원이라고 부르는 단백질 파우더와 해조류를 사용해 먹음직스러운 음식을 만드는 방법을 개발할 거예요. 그리고 3D 프린팅 전문요리사는 3D 프린터를 활용해 페스트 푸드를 만들고 다양하고 색다른 요리를 선보일 거예요.

콰 쾅

무슨 소리지?

쉬쉬쉬쉬…

너… 너희들은…?

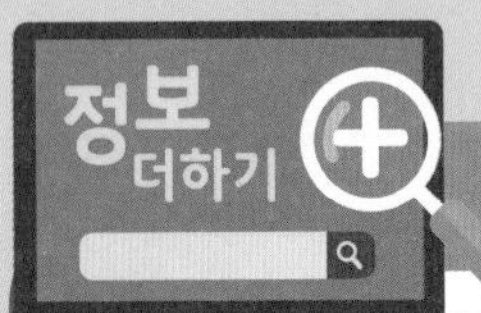

3D 프린터와 음식

3D 프린터로 초콜릿, 사탕, 과일, 햄버거 등을 만들면서 하루가 다르게 3D 프린팅 식품이 발전하고 있어요.

3D 프린터는 우주여행을 하는 나사에서 많은 관심을 두고 개발하고 있어요. 3D 프린터만 있으면 음식의 기초 영양 재료만 탑재한 후 이를 활용하여 다양한 음식을 만들 수 있기 때문이지요.

●세계 최초 3D 프린팅 레스토랑 '푸드 잉크'

3D 프린터로 만든 음식

기업뿐 아니라 레스토랑에서도 3D 프린터를 활용하는 셰프가 늘어나고 있어요. 세계 최초 3D 프린팅 레스토랑 푸드 잉크(Food Ink)는 영국 런던에 3D 프린팅 레스토랑을 오픈해 주목을 끌었어요.

푸드 잉크에서는 에피타이저에서 메인 디쉬, 디저트까지 모두 3D 프린터로 출력한 후 셰프의 플레이팅을 통해 음식을 완성해요. 20개의 다양한 식자재가 3D 프린터를 통해 식용 가능한 잉크로 바뀌며 노즐을 통과한 재료들이 쌓이면서 음식 모양이 나타나는 원리를 이용해요. 이 레스토랑은 음식뿐 아니라 나이프, 접시, 의자, 테이블까지 모두 3D 프린터로 출력했어요.

푸드 잉크의 홍보 부장 사샤 매더는 인터뷰에서 "로봇 팔이 인간 손보다 훨씬 정교하기 때문에 출력된 음식을 통해 분자 요리를 용이하게 할 수 있다"고 전했어요.

●3D 프린팅을 요리에 접목하는 셰프들

셰프들은 3D 프린팅을 이용한 창작 요리 연구에 힘을 쏟고 있어요. 3D 프린팅 디자인을 통해 요리의 모양을 제작하는 등 색다른 요리를 모색 중이에요. 3D 프린팅을 요리에 접목하는 이유는 혁신과 창의성을 표현할 수 있기 때문이라고 해요. 3D 프린팅을 거치면 정교함이 더해지기 때문에 세밀한 푸드 디자인을 할 수 있지요.

3D 프린팅을 이용해 요리하는 셰프들

●3D 프린팅으로 만든 유기농 스낵

네덜란드의 한 푸드 디자이너는 3D 프린터를 이용하여 유기농 스낵을 선보였어요. '에디블 그로스(Edible Growth)'라는 이 프로젝트는 3D 프린터로 출력한 스낵에 이스트 포자를 넣어서 스낵에서 새싹이 돋아나고 버섯이 자라도록 했지요. 그뿐 아니라 해초로 만든 젤리 등 다양한 식재료 씨앗을 3D 프린터로 뽑은 스낵에서 키워 제철 음식을 즐길 수 있게 했지요.

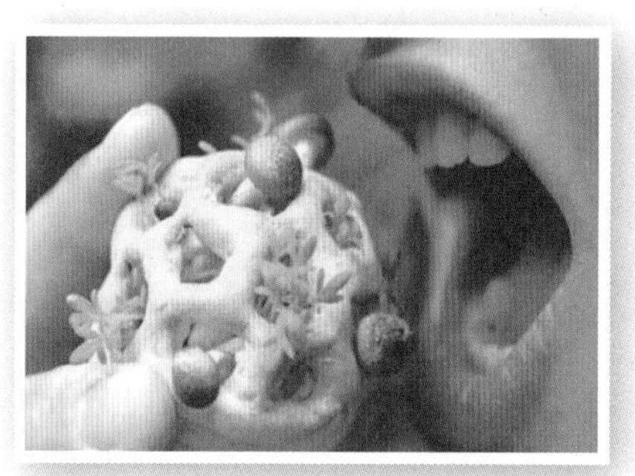

3D 프린팅 스낵_에디블 그로스

●팬케이크를 만드는 3D 프린터

'팬케이크봇' 3D 프린터는 팬케이크 반죽이 노즐을 통해 나와 쌓이면서 팬케이크를 만들도록 한 제품이에요. 물론 평범한 팬케이크만 만들 수 있는 것은 아니에요. 전용 소프트웨어를 이용해 이미지나 일러스트 같은 데이터를 읽어 그 모양대로 만들 수도 있지요.

팬케이크봇

3D 프린터로 자동차를 만들다

너희들이 다시
올 줄 알고 기다리고 있었다!
목적이 뭐냐?

바보냐?
내가 그걸 말할
것 같아?
누가 아니래.
너 같으면 말하겠니?

이 나쁜 악당 녀석들!
순순히 항복하시지!

저 꼬맹이
녀석이…
바작

계획에는 없었지만
조금만 괴롭혀 줄까?

음…

아, 그리고 말이야~
흠칫

척

우리 계획은
이미 완료했어~
하하하하

그… 그것은?

그래!
빠빡-

바로 당신의
발명품들이지~
두둥
3D 프린터!
크크크크

그것들을 가지고
뭘 할 생각이지?

글쎄~
말해줄 수 없지~
흐흐

하지만 지금
할 일은 정했어!
씨익

척
앗!

파
앙

헉!

피해!
팡

쉬쉬쉬쉬쉭

콜록콜록!
콜록콜록!

콜록,
녀석들
저기 있군!

그래 어서
나가자~
어서 여기를
뜨자고~

휘익

탁

녀석들 뭐 때문에
박사님의 발명품을
훔쳐 가는 거지?

콜록! 녀석들은
도망간 건가요?

아마도 그런 것
같습니다. 하지만…

하지만?

녀석의 등에 몰래
추적 장치를 붙였지요.

그럼 빨리 쫓아가서
잡아요!
그래요,
빨리 쫓아가요!
잠깐 얘들아,
추적 장치를 부착했다니
서두르지 않아도 돼.

제이, 케이!
대체 박사님의
3D 프린터를 훔쳐서
어쩌려는 속셈이지?

근데 이거 미사일처럼
생겨서 연기만 나네.

어디 좀 보자구나.

흐음.
왜요? 박사님.

나의 프린터로 만든
무기구만…

그렇다면, 녀석들은!

무기를 만들어
팔 생각인 건가?
으득

부우우웅

후후
녀석들이 쫓아오진
못하겠지?

부아앙
당연하지.
이동 수단을 전부
망가뜨렸잖아.

거기다가 수리할 수 있는 3D 프린터를 우리가 다 가지고 왔으니까 쫓아오지 못할 거야.
삐삐
하하하하하하
부아아아아앙

띠 띠 띠

이미 멀리 가고 있군요.

박사님!

왜 그러니 수민아?

3D 프린터로 자동차도 만들 수 있는 거 아니에요? 얼른 만들어서 쫓아가요!
맞아요!

나도 그러고
싶지만…

놈들이 연구소의
3D 프린터를 다 가지고
달아났단다.

네?
그럴 수가!

3D 프린터로 만든
자동차가 있긴 하지만…

아직 미완성이야.
몇 가지 부품이
더 있어야 해.

따닥

에?
갑자기 왜 그러세요?

되도록 이 방법은 쓰지 않으려고 했지만…

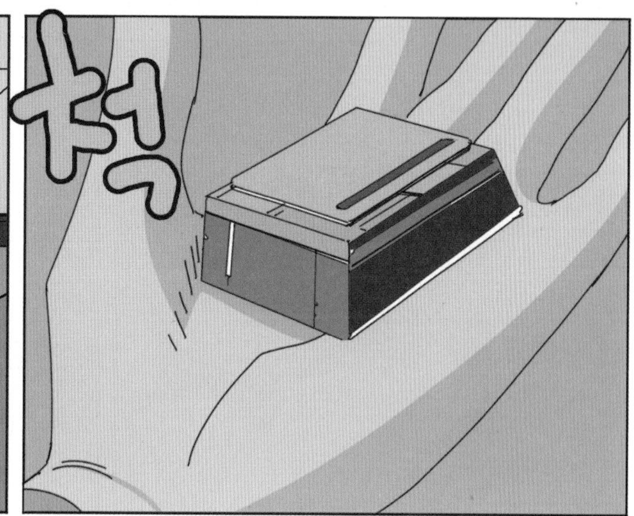
척

그건 뭐예요?
귀엽다~

4D 프린터란다.

4D 프린터!
두둥

저번에 말한
4D 프린터 말인가요?

네. 소형화되어 있는
시제품입니다.

미래에서는 시간 여행을 할 때
한 가지 규칙이 있습니다.

그 규칙이라는 게
뭔가요?

미래의 기술을
쓰지 않는 것이죠.
역사가 바뀔 수도 있는
문제라서요.

하지만 지금은 때가
때이니 만큼…

만약 지금 이것을
쓰지 않는다면 정말 역사가
바뀔지도 모르니까요.

흐음, 과연…
그런데 그 4D 프린터는
어떤 종류인가요?

이건…
척

일회용으로
쓸 수 있는 거예요.

일회용이라니,
신기하다.
일회용이요?

이 4D 프린터는
미래에서도 극소량만
생산되어 나 같은 형사에게만
하나씩 주어진단다.
이걸 이용하면 단 한 번
원하는 사물을 제작할 수 있지.
그것이 아무리 복잡해도
말이야.

으으으. 뭐가 뭔지…

그럼 이
4D 프린터로?

그래. 자동차의
필요한 부품을 만들 거란다.

마치 램프를
문지르면 나와서
소원을 들어주는
지니 같아요!

허허…

그래, 원하는 것을 얻을
수 있으니 그럴 수도 있겠구나.

빨리 서둘러요.
이러다 놈들을 놓치겠어요!

내 정신 좀 봐.
그래 얼른 시작하자!

재료도 어느 정도 모였으니
이제 시작하겠습니다.

꿀꺽

여기 설계도가
있네.

띠
띠
띠

윙
지이잉
위이이잉
지이이잉

파
앗

짜잔~
우와아아

성공이군요! 내가 잘 아는 자동차 정비사가 있으니 이젠 걱정 없어요.

요리부터 자동차까지… 이젠 뭐 우주선도 만들 수 있는 거 아닌가요?

가능하단다, 수민아.

네? 우주선도요?

그래, 자동차뿐만 아니라
선박이나 우주선도 가능하지!

3D 프린터로 출력할 수 있는
것은 무궁무진하단다.

3D 프린터와 운송 산업이
발전하면서 여러 가지 직업이
생겨난단다.

어떤 직업들이요?

3D 프린팅 컨설턴트, 3D 프린팅
소재 코디네이터 같은 직업들이지.

이름만 들어서는
무슨 일을 하는지
하나도 모르겠어요.
하하!

3D 프린팅 컨설턴트는 3D 프린터로
프린팅된 사물의 문제점을 찾고 조언하며
선택을 도와주는 전문가란다.

선생님 같은
직업이군요!
그래, 조금
비슷하단다.

소재 코디네이터는
무슨 일을 해요?

3D 프린팅 소재
코디네이터는 3D 프린터
소재를 찾고 요건에 맞도록
응용하며 적합한 공정과
후가공의 방향 등을 연구한단다.

3D 프린팅 기술과 결합하면서
운송 기기를 생산하는 공정도
변하게 된단다.
위이잉
위잉
위잉

3D 프린터로 바뀌는 자동차 산업의 미래

3D 프린터로 자동차 부품뿐만 아니라 차체까지도 출력하고 있어요. 3D 프린터가 점점 정밀해지면서 제조 업체의 부품 생산 역량이 향상되고, 전통적 기기 세공 방식으로 4~6주가 소요되던 작업을 이제는 몇 시간 만에 완성할 수 있게 되었지요. 이렇듯 3D 프린팅 기술은 자동차 시장 성장의 원동력이 되고 있어요.

엄청난 기술임에는 틀림없지만 그것에 대한 사각지대가 존재하지.
위잉
지지직
윙
윙

사각지대요?
어떤?

불법적인 일들이지.
윙
위잉

어떤 기술이든 위험이 뒤따르는단다.

제이와 케이가 무기를 만든 것처럼 말이야.

미래에도 위험한
일들이 많단다.

음…

지금은 우선 녀석들을
쫓는 것에만 집중하도록 하죠!

다 되었습니다.

얼른 쫓아가요!

짜잔~

출발하겠습니다.
악당들을 잡으러 출발~!

3D 프린터를 가지고 나쁜 짓을 하다니 용서할 수 없어요!

나는 내 발명품들을 데려와야지!

부아아앙

정보 더하기

3D 프린터와 자동차

자동차 분야에 3D 프린팅 기술을 활발히 이용하고 있어요. 미국 자동차 제조 업체 로컬 모터스(Local Motors)는 지난 2014년 3D 프린터로 출력한 전기 자동차 '스트라티'(Strati)를 공개했어요.

로컬 모터스는 3D 프린터로 자동차를 만드는 마이크로 팩토리를 세계 곳곳에 설립하고, 유럽과 아시아 등에도 진출하겠다는 계획을 밝혔어요. 이제 머지않아 3D 프린터로 출력한 자동차가 도로를 질주하는 모습을 볼 수 있을 거예요.

3D 프린터로 출력한 전기 자동차_스트라티

●자동차 분야에 3D 프린팅을 활용한다면?

디자인된 도면을 가지고 3D 프린터로 자동차의 부품과 차체를 출력해 조립하면 대략 40시간 만에 자동차 한 대가 만들어진다고 해요. 따라서 생산 가격은 낮아지고 제작 속도는 빨라지지요. 그리고 소비자가 원하는 디자인으로 차량을 만들 수 있을 뿐만 아니라 손쉽게 독창적인 차량을 만들어 낼 수도 있답니다.

반면, 대량 생산 측면에 있어서는 기존 제조 방식이 유리하기 때문에 공장 규모를 늘리지 않는 한 주문 제작 방식을 벗어날 수 없을 거예요.

3D 프린터가 자동차 생산 공정을 모두 바꿀 수는 없지만, 장점을 골라 기존 산업에 적용시키면 자동차 산업의 새로운 미래가 열릴 거예요.

●미래 자동차 산업

미국 애리조나 주 피닉스에는 로컬 모터스 생산 공장이 있어요. '마이크로 팩토리'라고 불리는 '초소형 공장'이에요.

3D 프린터로 자동차를 생산하는 모습

3D 프린터로 차체를 출력하면 거친 차체를 연마해 주는 기계가 매끄러운 표면을 만들어요. 그다음 포드, 크라이슬러, GM에 미리 주문한 브레이크와 엔진, 기어 등을 조립하여 위에 얹으면 차량 한 대가 완성되지요. 이렇게 완성된 차량은 내연 기관이 아닌 전기차로, 모든 과정이 플랫폼화되어 있어요. 그래서 단 세 명만으로도 차량 조립이 가능하답니다. 완성된 차량에는 IBM의 인공 지능 '왓슨'이 탑재되어 미래 자율주행 시장을 준비하고 있어요.

3D 프린터 도둑을 잡아라

미래에는 4D 프린터로
더 좋은 것을 만들 수 있을 텐데
왜 3D 프린터를 훔쳐요?

좋은 데 쓰려고 하지
않는다는 것만은 분명한데
나도 그 이유를 모르겠구나.

악당들이 3D 프린터를
훔쳐서 음식을 만들거나 건물을
지으려는 거 아닐까요?
그러지는 않을 게다.

아마 녀석들은
3D 프린터를
다른 용도로 바꾸려고
하겠지.
용도를
바꿔요?

3D프린터는 대부분 기술을
공유하기 때문에 용도를 변경하는 게
상대적으로 수월하단다.

부아아앙

그래서
3D 프린터 기술이 지금처럼
악당에게 들어가면 위험하지.

어떤 식으로
이용하는데요?

예를 들어 보석이나 예술 작품을
전문가도 구분할 수 없을
정도로 똑같이 복제할
수 있단다.
부우우우웅

무기도 도면만 있으면 집에서
출력할 수 있으니 위험하지.

지금도 이 문제에 관해서
전문가들이 고민 중이란다.
미래에는 그 문제를
전문적으로 관리하는
직업도 있습니다.

그거 정말
다행이군요!

하지만 완벽하게 제어할
수는 없습니다. 제이와 케이 같은
악당들이 손쉽게 무기를 제작해 범죄를
저지르고 있습니다.

그래서 저와 같은 경찰이
악당을 소탕하고 있지요!

오오오~ 멋있어요!

불법 디지털 도면검열관

3D 프린팅 디자이너의 지적 재산권이 침해당하는 사건이나 총기류, 폭발물 등의 위험물 도면이 디지털상으로 유통되는 사건을 조사는 조사관입니다. 3D 프린팅 저작권 인증 거래사라고도 부른답니다.

불법 도면을 어떻게 검열해요?

불법으로 유포되는 도면의 배포자를 찾거나 배포되는 사이트를 찾아 제재하지.

물론 쉽지 않은 일이란다. 너무 많이 퍼져버린 도면도 있거든.

현재 불법적으로 인터넷에 유통되는 게임, 만화, 자료, 영화 같은 거라고 생각하면 된단다.

그렇구나.

지금은 컴퓨터가 보편화되었지만, 20년 전에는 그렇지 않았단다.

지금 너희가 스마트폰이나 컴퓨터를 사용하는 것처럼 미래에는 3D 프린터를 누구나 사용하지.
우와아

하지만 3D 프린터가 대중화되면서 이를 악용한 범죄도 늘어났지.

그렇게 멋진 발명품을 악용하다니!
깜짝

그래…
나도 그런 마음으로 이 직업을 택했단다.

끼이익

확실히 이곳이
맞군요.

그럼 얼른
들어가서
잡아야죠!

쉿! 조용히 이동해야
한단다.

아무래도 안 되겠어요.
박사님,
아이들을 부탁합니다.

여기부턴 위험하니
저 혼자 가겠습니다.
히잉…
꼬덕

저벅
저벅

위치가
가까워지고 있…
삐비
삐비
삐비

휙

용케 여기까지
따라왔구나,
슈타인!
쿠
웅
크크크

슈타인 오빠.
괜찮겠죠?
괜찮을 거야.
걱정하지 마렴.

척

!

어머, 아쉬워서 어쩌나~
J
두
둥

오늘에야말로
반드시 너희들을
잡겠다!

과연 그럴 수 있을까?
네 뒤에 있는 문을 열어 봐.
획

덜컹

읍읍!

이… 이런 비겁한 짓을!

킥킥, 아무래도
이렇게 하지 않으면
네가 귀찮게 할 것
같아서 말이야~ 히히.

박사님과 아이들을
풀어 줘!

그럴 수는
없지~
씨익

우리가 무사히
탈출할 때까지 거기서
꼼짝 말고 있으라고~
후후…

어쩌지…
섣부르게 움직였다간
아이들과 박사님이 다칠 거야.

끙끙…

풀렸다!
후두둑

슬금슬금

이아아아악
나쁜 악당들!
콰악
뭐, 뭐야!!!

이 꼬맹이가?
척

파
안 돼!
야

이익! 이 녀석이!

아!
파앗

좋아!
척

투아 투아

철퍽
철퍽
뭐… 뭐야, 움직일 수가 없잖아.
너희들을 체포한다! 제이, 케이!
크흑!
징
으아아~ 말도 안 돼!
드디어 잡았군요.

네. 정말 다행입니다.
아무도 다치지 않아서.

수민아,
넌 정말 용감했어.
히히.

하지만 너무 위험한
행동이기도 했단다.
앞으론 조심하거라.
어? 피 나요.

큰 상처는 아니지만
감염의 위험도 있으니
얼른 소독해야 할 텐데…

걱정 마세요.
의료 킷이라면 제가 가지고
있습니다.

이건 소형 의료
3D 프린터입니다.

의료
3D 프린터요?

거기다 소형이라니!

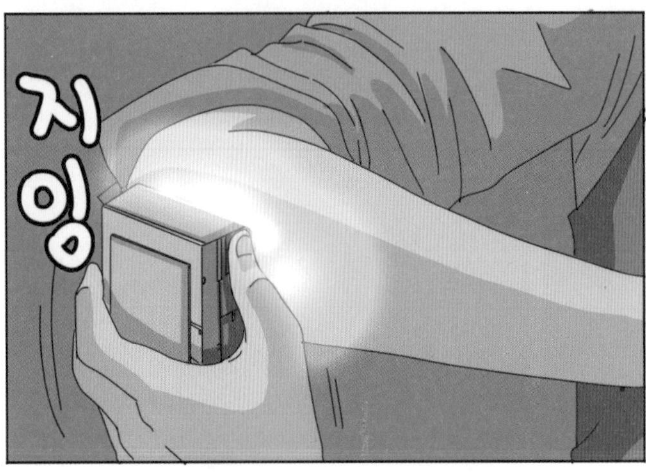
지잉

현재 사용되고 있는 의료용
3D 프린터는 크기가 커서
휴대할 수는 없는데…

에?
이미 사용되고
있어요?

그렇단다. 하하.

현재에도 많은 개발자가 다른 기술과
융합하여 의료 분야 3D 프린터 기술을
연구하고 있단다.
우와아~

3D 프린터로 약을
제조하는 것도 가능해졌지.
지이잉

미래의 병원에서는 좀 더 많은
용도로 3D 프린터가 사용되고
있습니다.

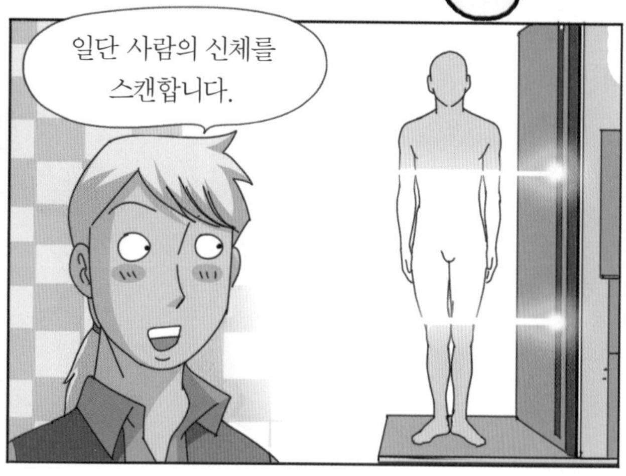
일단 사람의 신체를
스캔합니다.

그리고 나노 머신과 같은
다른 기술과 융합하여 개인 맞춤형
의료 서비스를 제공합니다.

나노 머신이라니,
엄청나군요!

나노 머신과
3D 프린터랑 무슨
관련이 있는데요?

으이그 그러니까
좀 더 들어 봐야지!

하하하,
지금 바로 설명해
주마.

자신의 신체에 최적화된
나노 머신을 만드는 작업 역시
3D 프린터가 한단다.

또 성형 기술에도
많이 사용된단다.

서… 성형?

그래. 현재 의수와
의족 제작에 활용되고 있는
3D 프린터 기술은

미래에는 장애인과
비장애인의 경계를 허물어
준단다.

3D 프린터는 역시
의료 분야에 유용하게
쓰이는 군.

지금도 어르신들의 연골을
인조 연골로 교체하는 의술이 있죠?

네. 미래에는 인공 장기를 만들어
쓸 수 있을 만큼 기술이 발전하나요?

네. 환자의 세포를 이용해
인공 장기를 만들어 장기 이식을
할 수 있게 됩니다.

3D 프린터와 의료 기술

지금도 3D 프린터를 이용하여 인공 장기와 소실된 신체 부위를 대신하는 의료 기술이 계속해서 발전하고 있습니다. 미래에는 개인에 맞춘 인공 장기와 인공 척수 그리고 사고나 장애로 소실된 신체 부위를 3D 프린터를 이용하여 만들 것으로 예상하고 있습니다.

떵—

오오, 치료약이
완성되었나 봐요.

그나저나 슈타인 씨도
저 악당들을 잡았으니
이제 미래로 돌아가겠군요.
네? 벌써요?
정말요?
지금이요?

하하하, 바로는 아니란다.
타임머신도 수리해야 하고…

일단 저 녀석들이
다른 범죄를 저질렀는지
확인해야 한단다.

바로
떠나지 않아
다행이에요.
하긴 저 악당들이
어떤 일을 저질렀을지
모르니까요.

일단 연구소로
돌아가는 게
좋겠군요.
네.

잠시 여기 가둬
놔야겠군.

그리고 아이들에게
타임머신에 대해
더 자세히…

쿠우~
쿨

아무래도 본격적인
일은 내일부터 진행하는 게
좋겠군요.

전 3D 프린터를 연구하면서
이 기술이 사람들에게 도움이 되길
바랐습니다.
충분히 많은
도움이 되고
있습니다.

그래도 악당들에게
악용되는 것을 보니
마음이 복잡하군요.

어떤 기술도 완벽할
순 없습니다. 단지 더 나은 삶을
위해 더 노력할 뿐이죠.
정말 그 말이
맞군요.
끄덕

얘들아, 일어나.
집에 가야지.

정보 더하기

3D 프린터와 의료

3D 프린터는 의료 분야에 혁신을 불러왔어요. 귀나 혈관, 근육 같은 신체 기관이나 조직부터, 보청기, 치아, 의족 등 의료 보조 용품도 3D 프린터로 만들고 있어요. 사고로 두개골 절반을 잃은 영국 모델이 3D 프린터로 만든 머리뼈를 이식받고 새 삶을 찾았다는 사실도 전해지지요.

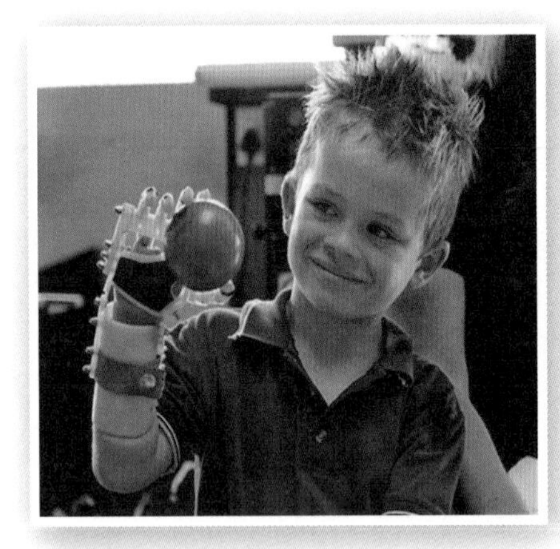
3D 프린터로 만든 의수

●3D 프린터 의수 '로보핸드'

3D 프린터로 제작된 로보핸드(Robohand)는 전기나 센서 없이 손목의 움직임만으로도 인공 손가락을 조종할 수 있어요. 리암은 선천적 질병으로 손가락이 없지만 로보핸드를 착용한 후 동전을 집거나 공을 던지는 정교한 동작을 할 수 있게 되었어요. 더 놀라운 건 로보핸드의 제작비가 150달러(약 16만 원)에 불과하다는 거예요.

●바이오 3D 프린팅

최근에는 3D 프린터를 이용해 사람에게 이식 가능한 인공 장기를 만들려는 노력을 계속하고 있어요. 이를 '바이오 3D 프린팅'이라고 해요. 바이오 3D 프린팅은 신체에 이식 가능한 젤라틴에 사람의 줄기세포 등 세포를 넣어 바이오 잉크라는 소재를 만들어요. 연구자는 이를 이용해 환자 맞춤형 장기를 만들고, 이를 배양해 신체에 이식하는 것을 목표로 하지요. 바이오 인공 장기에는 사람의 세포가 들어 있기 때문에 몸에 이식했을 때 실제 장기와 동일한 기능을 할 수 있어요.

●바이오 3D 프린팅 사례

• 귀: 미국 웨이크포레스트대학교 의대 연구팀은 3D 프린터를 이용해 만든 인공 귀를 쥐에게 이식하는 연구에 성공했어요. 연구진은 토끼의 연골 세포와 인체에 이식 가능한 하이드로겔을 이용해 바이오 잉크를 만들었어요. 여기에 생분해성 플라스틱을 섞어 인공 귀를 만들었지요.

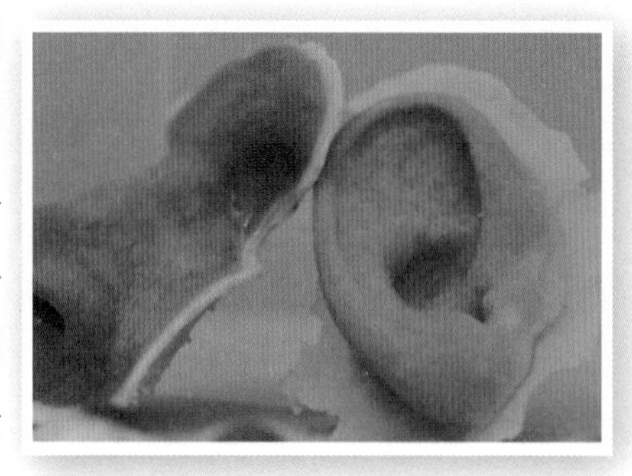
바이오 3D 프린팅으로 출력한 인공 코와 귀

• 간: 미국 벤처 기업 '오가노보'는 직접 개발한 3D 프린터를 이용해 간세포와 간성상세포, 내피세포 등으로 이뤄진 간 조직을 만들어 42일 동안 생존시키는 데 성공했어요. 해당 기간에 간 조직의 모든 기능은 정상이었다고 해요.

• 심장: 울산과학기술원과 미국 웨이크포레스트재생의학연구소는 초소형 심장을 만드는 데 성공했어요. 길이가 0.25mm인 인공 심장은 전기 자극을 주면 움직이고, 심장 박동 속도는 실제 심장과 동일하지요.

• 난소: 미국 노스웨스턴대학교 의대 테레사 우드러프 교수 연구팀은 젤라틴으로 만든 인공 난소에 난포세포(난자로 자랄 수 있는 세포)를 붙여 배양하고 난소를 제거한 쥐에 이식했어요. 이후 인공 난자를 이식받은 암컷 쥐는 수컷 쥐와 교배를 통해 건강한 새끼를 출산했지요.

슈타인의 비밀편지

반응을 보니…
이번에도…
또 실패군요…

박사님!
슈타인 형!
저희 왔어요!
어서 오렴.

또 실패한
거예요?
그래. 이번에도
실패했구나.

박사님, 이거 엉터리
타임머신 아니에요?
뭐라고? 허허허허.

그나저나
정말 큰일이구나. 사건이
해결된 지 일주일이나
지났는데…
그러게요.
정작 돌아갈 수가
없으니…

설계 쪽에
문제가 있는 것
같은데…

이런 건 3D 프린터로
못 고치나요?
3D 프린터는
만능 상자가
아니란다.
하하

물론 기술이 더 발전하고
연구가 거듭되면 가능할
수도 있겠지.

미래에는
정말 만능 상자가
된다고요?

애들아, 3D 프린터가
뭐라고 했지?

음… 간단하게
사물을…

입체 사물을 프린트
하는 거요!
아앗! 내가
하려던 말인데!
휙

맞아. 입체 사물을
출력하는 프린터란다.
3D 프린터가
집에 있으면 물건을
안 사도 될 것 같아요.

꼭 그렇지만은 않단다.
왜요?

3D 프린터로
사물을 출력하려면
그에 맞는 도면이
필요하기 때문이지.

머지않아 개인 간의
거래는 물론 거래소도 생겨
도면의 거래가 활발하게
이루어진단다.

거래소요?

지금의 음원 사이트와
비슷한 개념이란다.
아하!

그럼 개인 거래와
거래소의 차이점에
대해 말해 주마.

개인 거래는 말 그대로 개인이 만든 도면을
개인에게 일정한 금액을 받고 파는 거란다.

3D 프린터 도면의 판매

3D 프린터로 제품을 만들어 팔기도 하지만 제품의 도면을 제작·판매·유통하는 등 데이터 판매를 하기도 합니다. 제작한 도면을 판매하려면 거래소 혹은 대행사에서 저작권에 대한 침해 요소가 있는지 혹은 문제가 없는 도면인지를 먼저 검열 받아야 합니다.

그럼 개인 거래가
좋지 않은 건가요?

꼭 그런 것만은
아니란다.

개인 거래는 거래소 거래에
비해 가격이 저렴하고 불필요한
절차가 없다는 장점이 있지.
그런데, 어떤 도면을
만들어서 판매하나요?

여러 가지가 있지만
대표적으로 예술 작품이
있단다.

예술 작품이요?

기존의 예술가와
다르게 3D로 예술 작품의
도면을 제작하는 예술가가
있단다.

예술가가 만든 도면을 사서
3D 프린터로 예술 작품을
출력하는 것이지.
3D 프린터와 카트리지만
있으면 집에서 누구나 편하게
프린트할 수 있단다.

그러면 집에서 장난감을
막 뽑을 수도 있겠네요?

하하하,
막 뽑을 순
없단다.
하 하하
네?

아까 말했지만 저작권 문제가
있기 때문에 프린트할 수 있는
수에 제한을 둔단다.

이런 제한을 둬야 창작자가
불이익을 받는 걸 방지할 수 있거든.

3D 프린팅 예술가

3D 프린팅 예술가는 3D 프린터를 이용하여 예술 작품을 제작하는 사람입니다. 3D 프린터를 활용하여 자신의 창작품을 대량 생산하여 많은 사람이 저렴하게 예술 작품을 즐길 수 있게 합니다.

슈타인 형하고
박사님이 말하는 걸 계속
생각해 봤거든요.
생각해
봤더니?

3D 프린터라는 것이
매력적으로 느껴지기
시작했어요. 헤헤.

지금 성적으로는
어려울 텐데…
열심히
공부할 거야!
불끈

그 꿈 꼭
이루어질 거란다!

헤헤, 고맙습니다!
하하하 하

미래에는 3D 프린터를 활용한 직업이 많죠?

일단 타임머신을 고치면서 말해 주마.

여러 직업들이 새로 생겨난단다.

3D 프린터 개발자,
3D 프린팅 재료전문가,
3D 프린팅 미니어처 제작자 등
아주 많단다.

더 자세하게 얘기해 주세요.
으음…

3D 프린터와 미래 직업

3D 프린터의 등장으로 미래에는 다양한 직업이 생겨납니다. 대표적으로 의료 분야에는 3D 프린팅 기술로 인간의 손상된 세포나 장기를 만드는 3D 바이오 인공장기 제작사가 있고, 예술 분야에는 예술 작품 속에 3D 프린팅 기술을 활용하는 3D 프린팅 예술가가 있습니다.

그나저나
이 타임머신 저번에는
어떻게 작동했던 거지?
그러니까…
턱

우우웅
웅웅
12
11
1
10
2
3
4
5
7

타… 타임머신이…
작동되는군요!

난 정말 아무 짓도
안 했는데!
슈타인 오빠,
어서 갈 준비를
서둘러요!

그래. 어서
제이와 케이를!

K
J

이제 정말 가는
건가요?
훌쩍

혹시… 다시 오거나
만날 수는 없는 건가요?
보고 싶을
거예요, 형!

우린 다시 만나게 될 거란다!

흐어어엉.
울먹
울먹

히이잉.
울먹
울먹

박사님!

그동안
감사했습니다.
저도 슈타인 씨
덕분에 많은 것을
배웠어요.

박사님은 우리나라를
대표하는 유명한 3D 프린터
개발자가 되십니다.

허허허, 그래요?

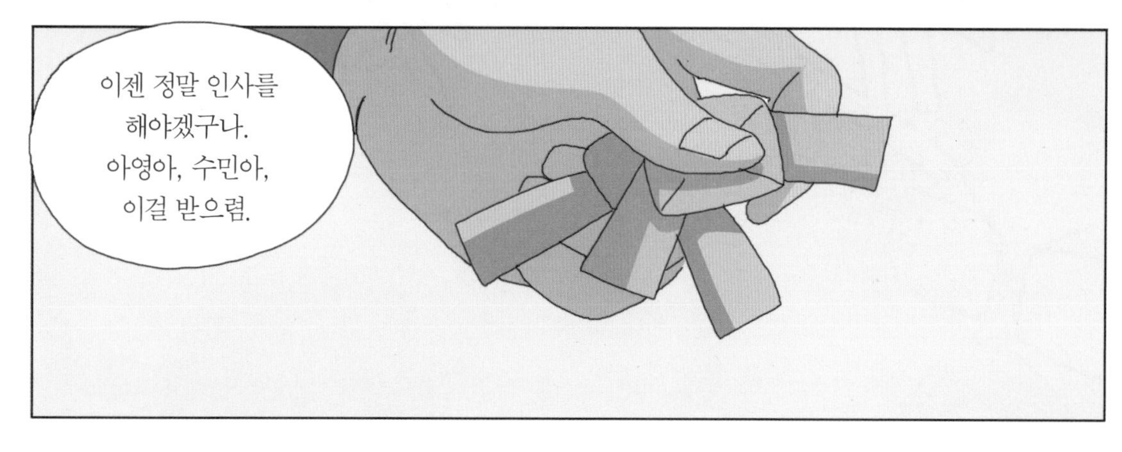
이젠 정말 인사를
해야겠구나.
아영아, 수민아,
이걸 받으렴.

그 편지는 꼭
내가 떠난 후에 봐야 한단다.

이제 정말 안녕.

파 칭-

쉬쉬쉬…
9
3
5

정말 평생 잊을 수 없는 사건이구나.

박사님, 저도 노력해서 꼭 박사님처럼 되겠어요!
하하하! 그래, 그래.

난 예전부터 3D 프린팅 전문가 꿈이었다고! 되는 것도 내가 먼저야!

뭐라고?
티격 태격
하하하하, 이거 참 3D 프린터의 미래가 든든하구나!

아, 편지!
맞다!

난 크리스마스 때도 이렇게 설렌 적 없었어.

나도. 히히히.

역시 슈타인 형은 날 알아보는구나!

뭐라고 쓰여 있기에 그러니?

절 믿는다고요.
그리고 그때 고마웠다고 적혀 있고
또 미래에는 무슨 꿈이든 꼭 이루어질
거라는 내용이에요.
또 보고 싶을 거라고요. 헤헤헤.

방금 떠났는데
금방 다시 보고 싶어지는
친구구나.

헤헤헤.
맞아요.
마… 말도 안 돼!

아영아, 넌 형이 뭐라고
적었기에 표정이 그래?
응? 아…
아무것도 아냐.

으잉? 반응이
수상한데?
말까지 더듬고…

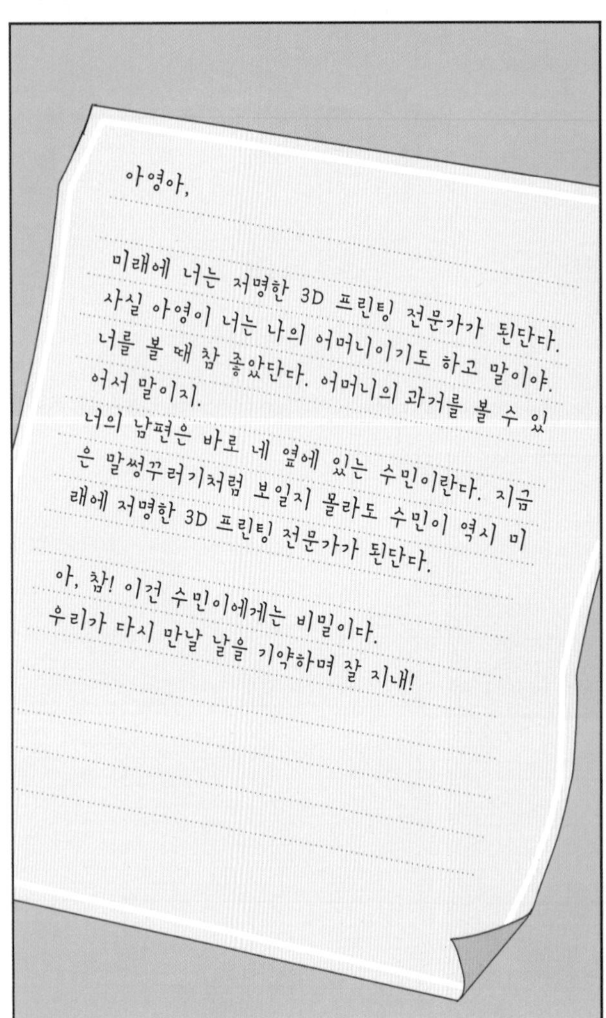

아영아,

미래에 너는 저명한 3D 프린팅 전문가가 된단다.
사실 아영이 너는 나의 어머니이기도 하고 말이야.
너를 볼 때 참 좋았단다. 어머니의 과거를 볼 수 있
어서 말이지.
너의 남편은 바로 네 옆에 있는 수민이란다. 지금
은 말썽꾸러기처럼 보일지 몰라도 수민이 역시 미
래에 저명한 3D 프린팅 전문가가 된단다.

아, 참! 이건 수민이에게는 비밀이다.
우리가 다시 만날 날을 기약하며 잘 지내!

보여 줘~
싫다고~
탁
탁
탁
탁...
최아영~

정보 더하기

3D 프린터의 재료

3D 프린터의 재료는 3D 프린터의 종류에 따라 분말 형태, 필라멘트 형태, 펠릿 형태, 액체 수지 형태 등 다양하게 발전해 왔어요.

현재는 3D 프린터로 출력한 것을 바로 사용할 수 있는 재료를 연구하고 있어요. 예를 들어 신발 소재의 재료로 출력해 바로 신고 다니거나, 치과용 임플란트 소재로 출력해 사람에게 이식하는 것처럼 말이에요.

플라스틱 재료로 만든 3D 출력물

●플라스틱

나일론이나 폴리아미드 같은 플라스틱 계열은 일반적으로 분말이나 필라멘트 형태로 많이 쓰여요. 유연하고 내구성이 뛰어난 것이 장점이지요. 본래의 색상은 하얀색이지만 색상을 추가하거나 후가공을 통해 색상을 입히는 것이 가능해요.

●알루마이드(Alumide)

알루미늄 분말과 폴리아미드를 결합시켜 만든 재료예요. 분말 소결 방식에서 사용되며, 알루미늄이 섞여 있어 표면이 메탈 느낌이 나는 것이 특징이에요.

●ABS(Acrylonitrile Butadiene Styrene)

FDM 방식에서 가장 일반적으로 쓰이는 재료 중 하나예요. 특히 강도가 좋으며 다양한 색상의 필라멘트로 생산할 수 있어요.

●PLA(Poly Lactic Acid)

성분해성 플라스틱 소재로 이루어져 있어요. DLP 방식의 액체 수지에도 사용되고 필라멘트 형태로 만들어져 FDM 방식에도 널리 쓰이는 재료지요. ABS와 같이 다양한 색상이 가능하지만 내구성이 약하다는 단점이 있어요.

●레이우드(Laywood)

나무 분말과 합성수지를 이용해 만든 재료예요. 필라멘트 형태로 제공되며 출력물이 나무 느낌을 주는 것이 특징이에요. WPC라고 불리기도 한답니다.

●금속

단일 금속이나 합금 재료는 산업용 수요의 증가로 많은 연구가 이루어져 왔어요. 가장 일반적인 금속 재료는 알루미늄과 코발트 유도체예요.

금속 재료로 만든 권총

●스테인리스

강도가 좋아 여러 분야에서 폭넓게 쓰는 재료예요. 분말 형태로 금속 소결 방식에 사용되지요. 특성상 은색을 띄지만 금색, 동색을 내기 위해 다른 금속으로 도금하는 경우도 있어요.

금으로 만든 반지

●금, 은

귀금속 세공 분야에서 각광받는 재료예요. 분말 형태의 금속 소결 방식에 사용되지요.

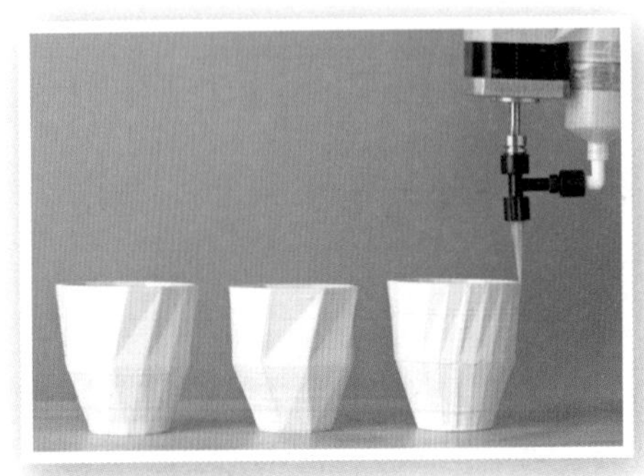
세라믹 재료로 만든 컵

●세라믹

최근 각광받기 시작한 재료 중 하나예요. 세라믹 재질의 프린팅에서 가장 유의해야 할 점은 바로 후가공이에요. 도자기를 굽듯이 가열하는 과정을 거쳐야 하지요.

●종이

손쉽게 재료를 구할 수 있다는 것이 장점이에요. 문구점에서 파는 일반 A4 용지로도 프린팅이 가능하지요. 친환경적 소재로 재활용도 가능하며 안전하고 후가공 처리가 필요 없다는 것이 장점이에요.

종이 재료로 만든 모형

●바이오 물질

3D 프린터의 특성상 개인 맞춤형 출력이 가능하기 때문에 의료 분야에서는 이미 예전부터 바이오 물질에 대한 연구를 해 왔어요. 생체 조직을 프린트해 이식을 한다든가 부서진 뼈를 프린트해 이식하지요.

●식품

최근에는 설탕이나 파스타, 고기를 이용한 시도도 이루어지고 있어요.

3D 프린팅의 재료로 이용하는 고기

나는 3D 프린팅 전문가가 될 거야!

초판 1쇄 발행 · 2018년 4월 25일
초판 4쇄 발행 · 2021년 9월 10일

지은이 · 정용석
그린이 · 허재호
펴낸이 · 이종문(李從聞)
펴낸곳 · 국일아이

등 록 · 제406-2008-000032호
주 소 · 경기도 파주시 광인사길 121 파주출판문화정보산업단지(문발동)
영업부 · Tel 031)955-6050 | Fax 031)955-6051
편집부 · Tel 031)955-6070 | Fax 031)955-6071

평생전화번호 · 0502-237-9101~3

홈페이지 · www.ekugil.com
블 로 그 · blog.naver.com/kugilmedia
페이스북 · www.facebook.com/kugilmedia
E-mail · kugil@ekugil.com

• 값은 표지 뒷면에 표기되어 있습니다.
• 잘못된 책은 구입하신 서점에서 바꿔드립니다.

ISBN 979-11-87007-89-0(14300)
979-11-87007-86-9(세트)

국일아이

목차

워크북 활용법

직업 탐험 각 기관의 대표 직업(네 가지)이 하는 일, 필요한 지식, 자질 등에 관한 정보뿐만 아니라 관련 직업에 관한 정보를 얻어요.

직업 놀이터 다른 그림 찾기, 숨은그림찾기, 미로 찾기, 색칠하기, ○× 퀴즈 등 재미있는 놀이 요소를 통해 직업 상식을 알아봐요.

직업 톡톡 직업 윤리나 직업과 관련한 이야기로 자신의 생각을 표현하며 직업을 간접 체험해요.

국가직무능력표준(NCS, National Competency Standards)이란 국가가 현장에서 직무를 수행하는 데 필요한 지식, 기술, 태도 등을 산업별, 수준별로 표준화한 것을 말한다. 대분류 24개, 중분류 78개, 소분류 238개, 세분류 897개로 표준화되었으며 계속 계발 중이므로 더 추가될 예정이다.

국가직무능력표준(NCS)에 따른 24개 분야의 직업군

01 사업 관리

02 경영·회계 사무

03 금융·보험

04 교육·자연 사회 과학

05 법률·경찰 소방·교도·국방

06 보건·의료

07 사회 복지·종교

08 문화·예술 디자인·방송

09 운전·운송

10 영업·판매

11 경비·청소

12 이용·숙박·여행 오락·스포츠

13 음식 서비스

14 건설

15 기계

16 재료

17 화학

18 섬유·의류

19 전기·전자

20 정보 통신

21 식품 가공

22 인쇄·목재 가구·공예

23 환경·에너지·안전

24 농림·어업

등장인물의 특징 알아보기

《job? 나는 3D 프린팅 전문가가 될 거야!》에는 수민, 아영, 슈타인, 다고처 박사, 제이와 케이 등이 등장한다. 각 인물을 떠올리며 빈칸을 채워 보자.

인물	특징
수민	뭐든지 물어보고 만져 보고 해 봐야 직성이 풀리는 초등학교 3학년 남자아이이다. 3D 프린터 연구소로 견학을 간 날, 우연히 미래에서 온 슈타인을 만나게 되고 그와 함께 악당을 쫓는다.
아영	수민이 친구로 모든 것을 똑 부러지게 잘하는 똑순이다. 천방지축 사고뭉치 수민과 정반대의 성격이다. 슈타인을 만나 ______________에 관해 열심히 배운다.
슈타인	범죄자인 제이와 케이를 뒤쫓다가 우연치 않게 과거로 오게 된 미래의 경찰이다. 아이들을 좋아하고 친절한 성격 덕에 아이들과 잘 어울린다.
다고처 박사	3D 프린터를 연구하고 개발하는 과학자이며 ____________이다. 미래에서 온 제이와 케이가 자신의 발명품을 가지고 도망가자 슈타인을 도와 사건을 해결하기 위해 고군분투한다.
제이와 케이	미래에서 최악의 범죄 듀오로 악명을 떨치는 범죄자다. 슈타인을 피해 과거로 온 제이와 케이는 다고처 박사의 발명품을 훔쳐 비싼 값에 팔려는 음모를 꾸민다.

궁금해요, 3D 프린팅

3D 프린터는 평면이 아니라 입체적인 형태로 물체를 찍어 내는 기기다. 컴퓨터 프로그램에 설계도를 입력하면 주어진 원료에 따라 3차원의 입체적인 물체를 출력한다. 다음 중 3D 프린팅에 관한 설명으로 알맞은 것을 모두 찾아보자. (정답은 세 개)

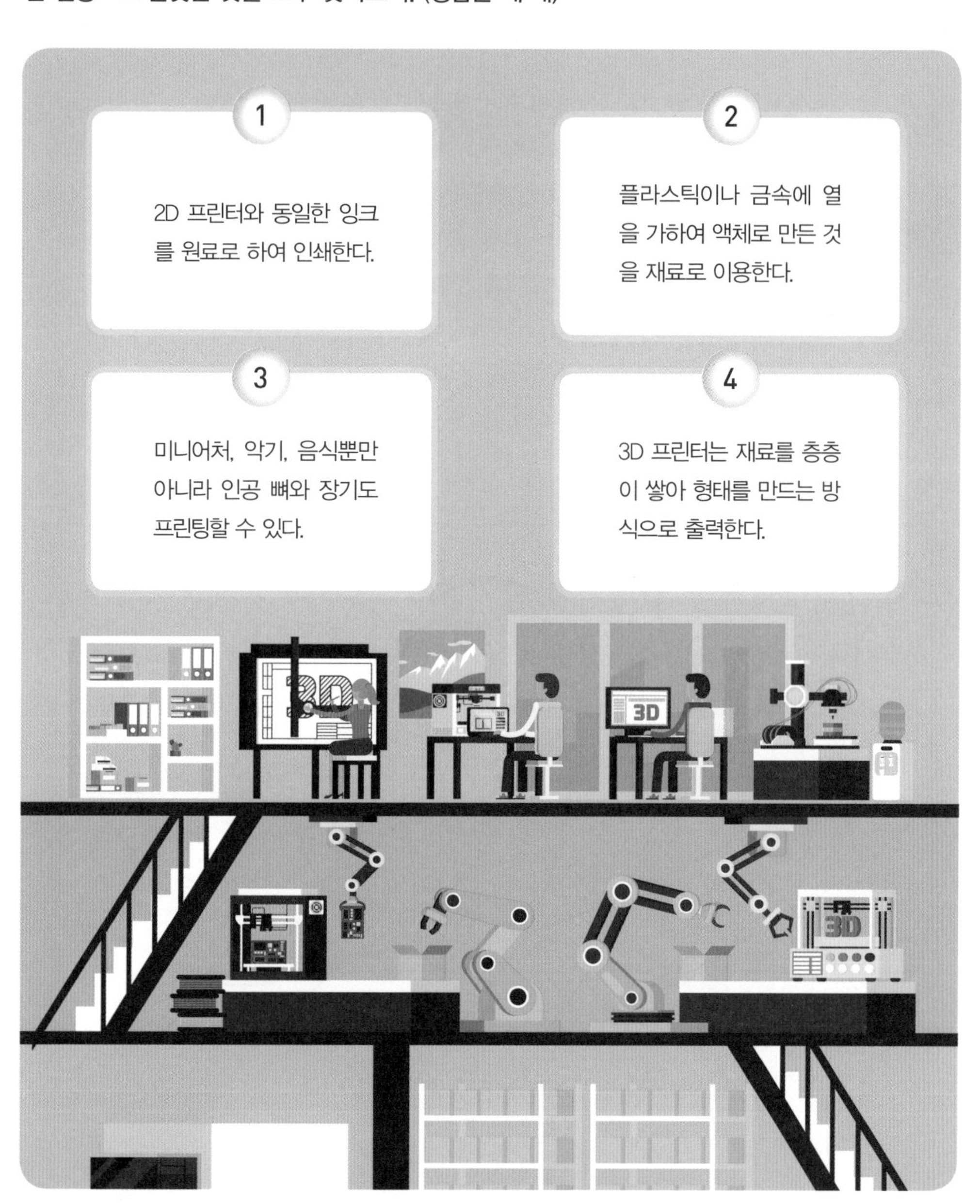

3D 프린터 개발자는 무슨 일을 할까?

3D 프린터 개발자는 3D 프린터의 내부 구조를 파악하고 연구하여 3D 프린터를 개발하는 전문가다. 다음 내용을 보고 3D 프린터 개발자에 관한 설명이 아닌 알파벳을 찾아 색칠한 후 완성한 그림이 무엇인지 확인해 보자.

- F 개발할 3D 프린터의 기능, 출력물의 크기, 필라멘트의 재질 등을 결정한다.
- I 구동 장치, 제어 장치, 센서, 스위치는 설계하지 않는다.
- J 노즐의 직경, 사용 재료의 특성, 가열부를 연구하고 설계한다.
- L 제품을 구동하는 소프트웨어와 펌웨어를 개발한다.
- Y 각 부분의 설계가 완성되면 부품별로 제작하거나 제작을 의뢰한다.

완성한 그림:

누구일까?

다음은 3D 프린팅 산업과 관련한 직업을 설명한 것이다. 〈보기〉에서 설명하는 사람이 누구인지 아래에서 찾아보자.

보기

1. 플라스틱, 나일론, 금속, 세라믹 등 3D 프린터에 사용하는 다양한 재료를 개발한다.
2. 3D 프린팅용 금속 분말 제조 기술을 연구하는 등 고강도의 내구성 높은 소재를 개발한다.
3. 국산 3D 프린터 장비와 재료를 패키지로 하여 상품 가치를 높일 수 있도록 힘쓴다.
4. 끊임없이 기술을 개발하려는 마음과 도전 정신이 필요하다.

3D 프린팅 재료전문가 | 3D 프린팅 엔지니어 | 3D 프린팅 가격측정가 | 3D 프린팅 패션 디자이너

정답:

3D 프린팅 운영전문가는 무슨 일을 할까?

3D 프린터를 이용하면 굳이 공장에 의뢰하지 않아도 소량의 제품을 간편하게 만들 수 있다. 고객의 요구에 따라 3D 프린터 출력을 대행하는 사람이 3D 프린팅 운영전문가다. 다음 중에서 3D 프린팅 운영전문가가 하는 일을 잘못 말한 사람을 찾아보자.

3D 프린팅 운영전문가에 대해 알아보자

미국의 오바마 전 대통령이 '3D 프린팅은 세상에 존재하는 모든 제조 방법에 혁명을 가져올 것'이라고 언급한 것을 계기로 3D 프린팅과 3D 프린팅 운영전문가가 주목 받기 시작했다. 다음 중에서 3D 프린팅 운영전문가에 관해 바르게 설명한 번호를 찾아 그에 해당하는 프린터 그림을 색칠해 보자. (정답은 네 개)

번호	내용
①	모델링 작업을 하므로 컴퓨터 그래픽 프로그램을 잘 다루어야 한다.
②	미술, 산업 디자인, 캐드 관련 전공자에게 유리하다.
③	모델링, 프린팅, 후가공이라는 3단계 과정에 관한 교육을 받아야 한다.
④	컴퓨터 활용 지식 능력만 있으면 미적 감각은 없어도 된다.
⑤	3D 프린팅 마스터, 3D 프린터 조립전문가, 3D 프린팅 전문교강사 등의 민간 자격증이 있다.

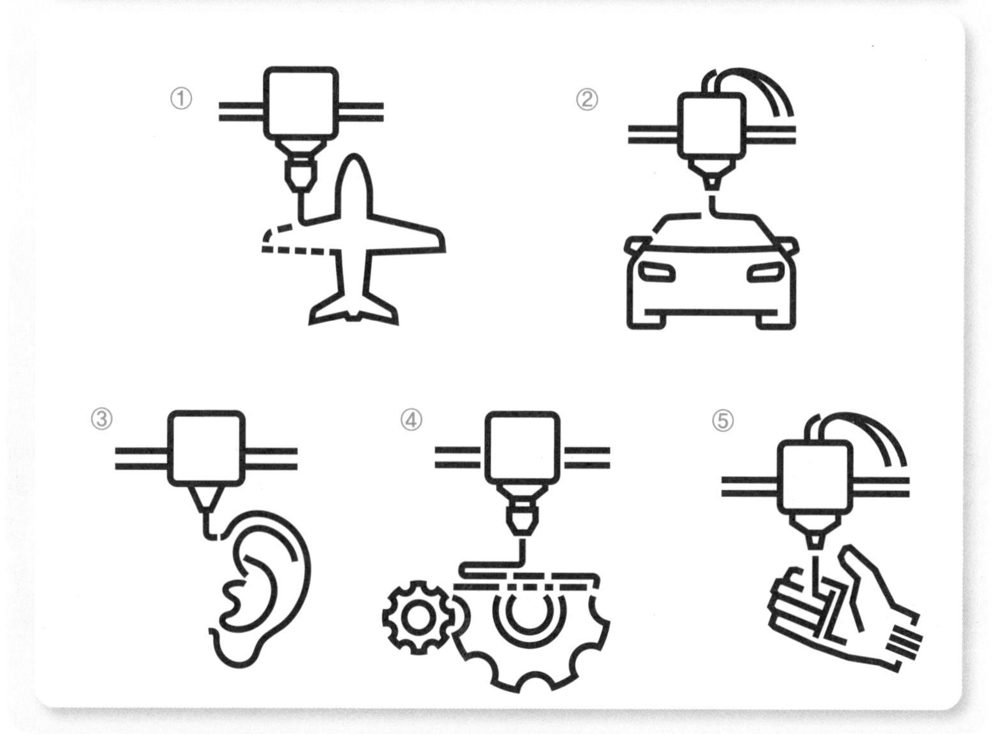

3D 프린팅과 관련한 직업 알아보기

다음은 3D 프린팅과 관련한 직업을 소개한 것이다. 각 설명을 따라 사다리를 타고 내려가 보자.

1. 디자이너나 건축사가 설계한 것에 결함은 없는지 확인하기 위해 시제품을 만든다.
2. 3D 프린터 부품의 무게를 줄이고 성능이 좋은 부품을 연구하고 설계한다.
3. 기업이나 창업 희망자, 혹은 취미로 즐기는 사람들을 대상으로 3D 프린팅 교육을 한다.
4. 3D 프린팅 기술을 기반으로 한 다양한 콘텐츠를 피규어로 제작한다.

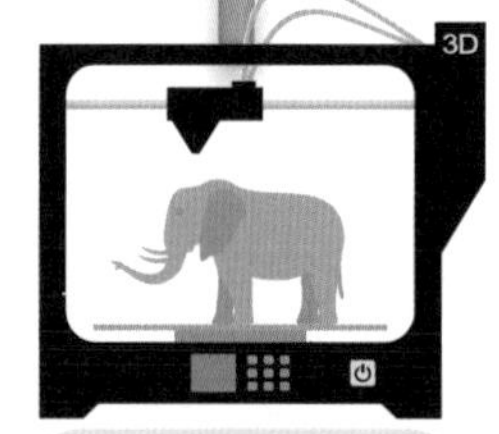

- 3D 시제품 제작기술자
- 3D 프린팅 강사
- 3D 프린팅 부품설계 전문가
- 3D 프린팅 미니어처 제작자

3D 프린팅에서 파생된 직업 알아보기

3D 프린팅 기술이 발전을 거듭하면서 새로운 일자리가 생겨나기 시작했다. 의료 분야에서부터 문화·예술, 식품·요리, 공공 분야에 이르기까지 그 종류가 다양하다. 각 직업이 하는 일을 알아보고 〈보기〉를 참고하여 빈칸을 채워 보자.

3D 프린팅 기술로 인간의 손상된 세포, 조직 및 장기를 만드는 사람을 ❶ ________ 라고 한다.

3D 프린팅 기술을 활용하여 동서양화, 조각, 공예 등 예술 작품을 만드는 사람을 ❷ ________ 라고 한다.

3D 프린터를 이용한 새로운 식재료를 활용하여 식품을 개발하는 사람을 ❸ ________ 라고 한다.

3D 프린팅 디자인 및 제작에 관한 특허, 사용료 지급 문제를 해결하는 사람을 ❹ ________ 라고 한다.

보기

3D 프린팅 예술가, 3D 바이오 인공장기 제작사,
3D 프린팅 식품개발자, 3D 프린팅 저작권 인증 거래사

3D 프린팅 과정

3D 프린팅은 크게 세 단계를 거쳐 제품을 만든다. 각 과정에 맞는 그림과 설명을 확인한 후 알맞게 연결해 보자.

모델링

제품의 형상을 설계하고 컴퓨터 프로그램을 활용해 3차원 디지털 도면을 완성한다.

후가공

제품의 재료를 공급하여 3D 프린터로 프린트한다.

프린팅

프린트한 제품의 표면을 갈고 닦고 채색하는 등 정교하게 마무리한다.

3D 모델링

컴퓨터 프로그램을 이용해 입체 모형의 도면을 설계하는 것을 3D 모델링이라고 한다. 다음 중에서 3D 모델링에 관해 바르게 설명한 친구를 찾아보자. (정답은 세 개)

3D 후가공

3D 프린터로 출력한 것은 표면도 거칠고 내구성도 약하다. 그러므로 반드시 후가공을 해야 한다. 다음 그림을 보며 후가공 순서와 방법을 알아보고 〈보기〉를 참고하여 빈칸을 채워 보자.

3D 프린터의 출력물 지지대를 제거한다. 출력물이 손상되지 않도록 신중하게 처리해야 한다.

①

녹인 재료를 층층이 쌓는 제작 방식으로 인해 발생한 계단 현상이나 울퉁불퉁한 부분을 매끄럽게 다듬는다.

②

붓으로 색을 칠하거나 스프레이건으로 물감을 뿌리는 방법으로 출력물에 색을 입힌다.

③

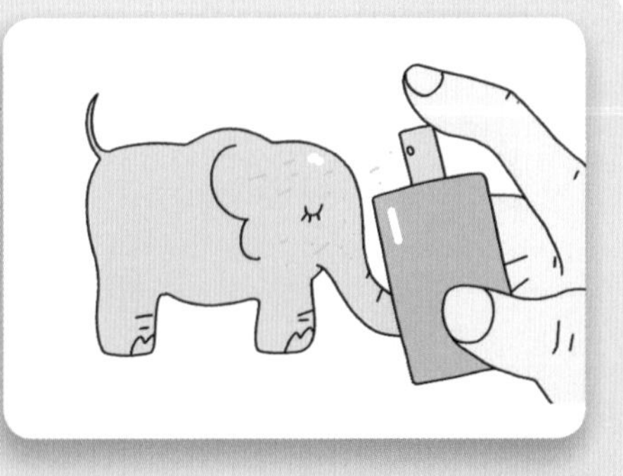

색깔이 벗겨지는 것을 방지하기 위해 막을 입힌다. 광택에 따라 유광, 무광, 반광이 있다.

④

보기

표면 처리, 코팅, 채색, 서포터 제거

3D 프린터 기본 구조

3D 프린터는 기본적으로 압출기, 필라멘트, 프린터 제어보드, 베드로 이루어져 있다. 무엇을 설명한 것인지 알아보고 <보기>를 참고하여 빈칸에 알맞은 이름을 써 보자.

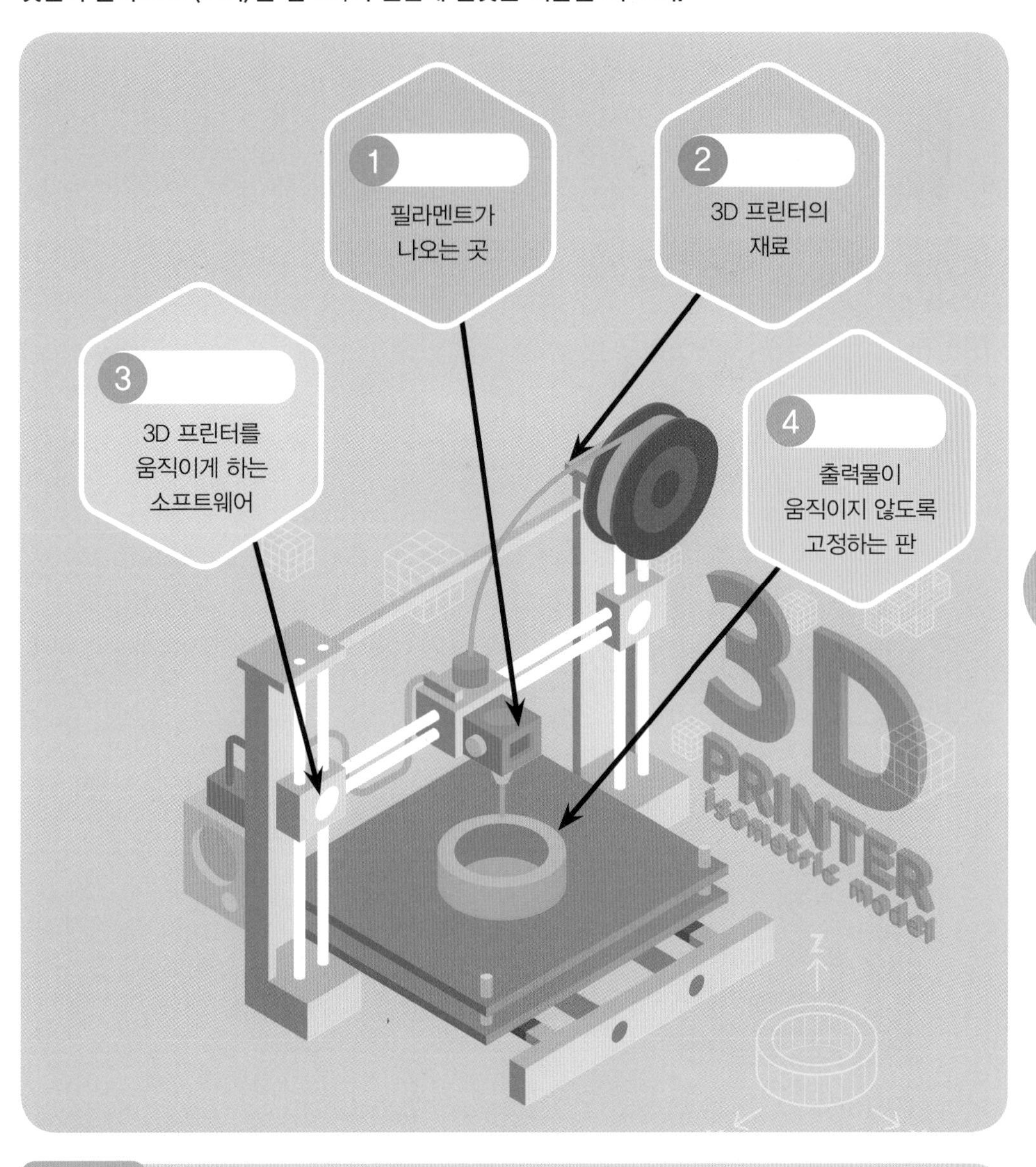

보기

압출기, 베드, 프린터 제어보드, 필라멘트

3D 프린팅 응용 분야

3D 프린팅은 현재 다양한 분야에서 활용되고 있다. 다음을 보며 3D 프린팅을 응용하는 산업을 알아보고 〈보기〉를 참고하여 빈칸을 채워 보자.

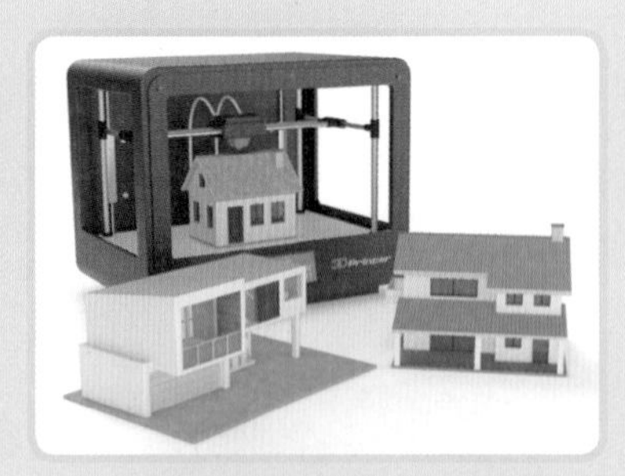

예술

영화 촬영을 할 때 세트를 제작하지 않고 3D 프린팅으로 ❶ ____________ 를 만들어 촬영한 후 확대하는 방법을 사용하면 시간과 비용을 절약할 수 있다.

건축

네덜란드, 이탈리아, 중국 등의 건설 회사에서는 초대형 3D 프린터를 활용해 ❷ ____________ 과 빌딩을 짓는다. 미국의 한 회사는 3D 프린터로 '쿨브릭'이라는 벽돌을 개발했다.

식품

초기에는 ❸ ____________, 크림, 반죽 등 단순한 재료를 사용했다. 지금은 재료를 분사하는 노즐을 여러 개 만들어 한 번에 여러 가지 재료를 사용한 음식도 만든다.

보기

미니어처, 태양 전지, 주택, 운동복, 자동차, 인체 장기, 초콜릿

의류·제화

신체를 스캔하고 필요한 정보를 입력하여 맞춤형 옷을 제작한다. ❹ ____________ 이나 수술 장갑 등 다양한 분야의 기능성 의류와 신발을 만든다.

자동차

미국의 한 자동차 회사는 컨베이어 벨트를 치우고 3D 프린터를 배치했다고 한다. 도면만 있으면 ❺ ____________ 를 출력할 수 있으므로 개인 맞춤형 디자인으로 자동차를 제조한다.

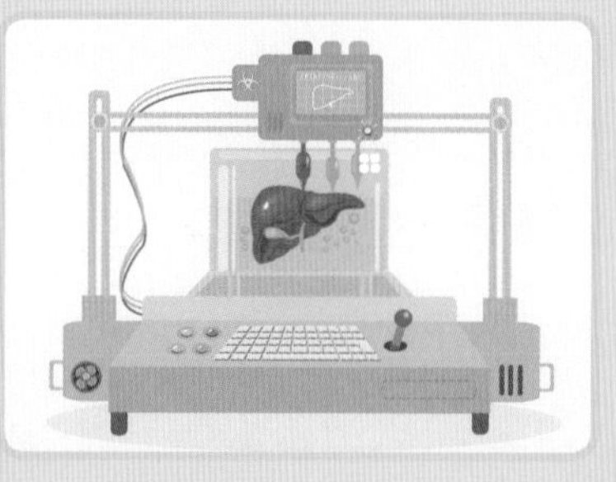

의료

CT(컴퓨터 단층 촬영)나 MRI(자기 공명 영상) 등으로 촬영한 의료 영상을 고해상도 3차원 영상으로 전환한다. 그다음 3D 프린팅 기술을 활용해 환자 개개인의 특성에 맞는 ❻ ____________ 를 제작한다.

에너지

3D 프린팅을 활용한 ❼ ____________ 는 기존의 제품보다 20% 정도 효율성이 높다. 비싼 유리보다 종이, 플라스틱, 섬유 등을 활용한다면 태양광 보급이 확대될 것이다.

3D 프린팅과 패션

3D 프린팅은 패션 분야에서도 다양하게 활용되고 있다. 다음 중 3D 프린팅과 패션에 관한 내용으로 바른 것을 찾아보자. (정답은 네 개)

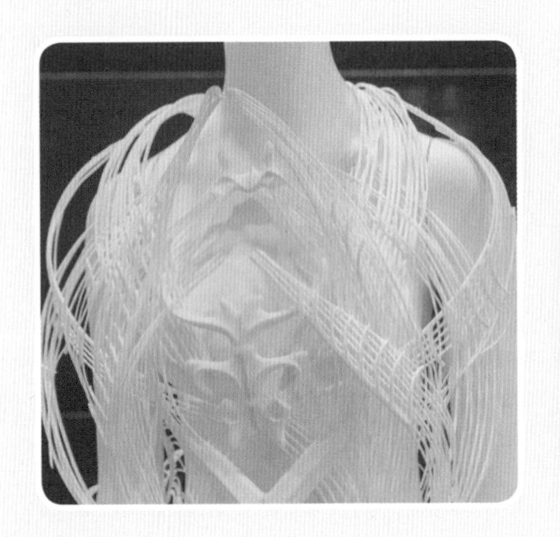

1 디자이너의 아이디어를 빠르게 구현한다는 장점이 있다.

2 3D 프린팅으로 출력한 옷은 패션쇼에서 사용할 뿐 실생활에서는 입을 수 없다.

3 3D 프린팅 기술은 의류의 생산 공정 비용을 높인다.

4 조작 기술을 배우면 자신이 직접 옷을 만들 수 있다.

5 기하학적 도형이나 우주 등의 이미지를 사용하는 등 패션을 3차원으로 표현할 수 있다.

6 3D 프린팅 기술은 디자이너의 창의력을 가로막는다.

7 3D 프린팅 패션 디자이너라는 새로운 직업이 생겨났다.

알쏭달쏭 OX 퀴즈

케이크를 만들 때 생크림으로 모양을 만들듯이 3D펜을 이용하면 입체 도형을 만들 수 있다. 다음 내용을 보고 3D펜의 특징이 맞으면 O, 틀리면 ×에 표시해 보자.

번호	내용	O X
1	열을 가하면 물렁물렁해지는 플라스틱 심(필라멘트)을 주로 이용한다.	O ×
2	짧은 시간 안에 굳는 성질을 이용하면 입체적인 물체를 만들 수 있다.	O ×
3	주로 작은 크기의 제품을 작업할 때 이용한다.	O ×
4	물체를 여러 개 이어 붙일 수 없으므로 복잡한 구조물은 만들 수 없다.	O ×
5	능숙하게 다루는 기술만 익히면 창의적이고 예술적인 작품을 만들 수 있다.	O ×

요리조리 미로 탈출

4D 프린팅은 3D 프린팅과는 다르게 온도나 시간 등의 특정 자극을 받으면 모양이 바뀌는 생산 기술을 말한다. 즉, 제품이 특정 환경 조건에 반응해 스스로 형태를 바꾸는 것이다. 아래에서 4D 프린팅에 관한 퀴즈를 풀어 보고 그 답을 따라 미로를 탈출해 보자.

1	제품을 만드는 방식이 3D 프린팅과 다르다.	O X
2	물, 온도, 압력 등 외부 환경 변화에 반응하는 형상 기억 합금과 같은 특수 소재로 출력한다.	O X
3	어떤 환경에서 어떤 모양으로 바꾸게 할지 미리 프로그래밍을 해야 한다.	O X
4	3D 프린팅과 다르게 일상생활에서 폭넓게 활용할 수는 없다.	O X
5	스마트 재료를 이용하면 초대형 크기의 물체도 만들 수 있다.	O X

4D 프린팅의 미래

4D 프린팅은 머지않아 우리 삶의 다양한 분야에서 폭넓게 활용될 것이다. 아래에서 4D 프린팅의 미래를 살펴보며 서로 알맞은 것끼리 연결해 보자.

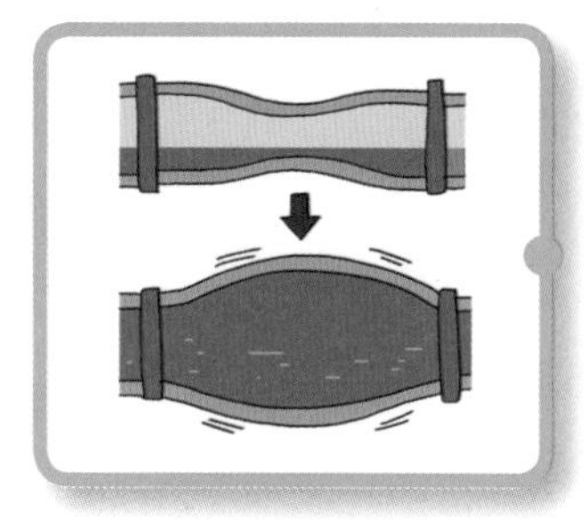

찌그러져도 물만 부으면 다시 펴지는 자동차

물의 양과 속도에 따라 팽창하거나 수축하는 배수관

파손되었을 때 스스로 원상 복귀되는 건축물

더위와 추위에 맞춰 재질이 변하는 스포츠 운동화

나도 3D 프린팅 전문가가 될 수 있을까?

3D 프린팅 전문가가 나의 소질과 적성에 맞을까? 아래의 질문에 답하며 나의 소질과 적성을 확인한 후 3D 프린팅 전문가가 될 수 있을지 알아보자.

그렇다-5점, 보통이다-3점, 아니다-1점

1. 창의력을 발휘하는 활동을 좋아한다. (   )
2. 기계 다루는 것을 좋아하고 잘 다룬다. (   )
3. 재료의 특징과 원리를 잘 분석한다. (   )
4. 컴퓨터 프로그램을 활용하는 능력이 뛰어나다. (   )
5. 어떤 일이든 꼼꼼하게 처리하는 편이다. (   )
6. 새로운 물건을 만드는 일을 좋아한다. (   )
7. 무언가를 보면 아이디어가 금세 떠오른다. (   )
8. 디자인을 보는 안목과 감각이 있다. (   )
9. 미술에 관심이 많다. (   )
10. 집중력이 뛰어나다. (   )

점수	결과
40점 이상	3D 프린팅 전문가가 적성에 딱 맞아!
30점 이상	3D 프린팅 전문가가 될 자질이 충분해!
20점 이상	3D 프린팅 전문가가 되고 싶다면 미래를 위해 조금 더 노력해 봐!
19점 이하	3D 프린팅 전문가보다 너의 적성에 맞는 멋진 직업이 있을 거야. 그것을 찾아 너의 꿈을 펼쳐 보렴!

3D 프린터로 무엇을 만들까?

자신이 3D 프린터로 제품을 출력한다면 어떤 제품을 만들고 싶은지 적어 보자.

해답

4. 3D 프린터, 3D 프린터 연구소 소장
5. ②, ③, ④
6. I / 아이스크림
7. 3D 프린팅 재료전문가
8. 태준
9. ①, ②, ③, ⑤
10. ① 3D 시제품 제작기술자 ② 3D 프린팅 부품설계 전문가
    ③ 3D 프린팅 강사 ④ 3D 프린팅 미니어처 제작자
11. ① 3D 바이오 인공장기 제작사 ② 3D 프린팅 예술가
    ③ 3D 프린팅 식품개발자 ④ 3D 프린팅 저작권 인증 및 거래사
12. 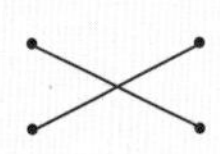
13. 시환, 아영, 석훈
14. ① 서포터 제거 ② 표면 처리 ③ 채색 ④ 코팅
15. ① 압출기 ② 필라멘트 ③ 프린터 제어보드 ④ 베드

16–17. ① 미니어처 ② 주택 ③ 초콜릿 ④ 운동복
⑤ 자동차 ⑥ 인체 장기 ⑦ 태양 전지

18. ①, ④, ⑤, ⑦
19. ○, ○, ○, ×, ○
20. ×, ○, ○, ×, ○
21.